KB212061

우리 아버지

알렉산더 슈메만의 주의 기도 해설

알렉산더 슈메만 지음 · 정다운 옮김

이 도서의 국립중앙도서관 출판시도서목록(CIP)은
서지정보유통지원시스템 홈페이지(http://seoji.nl.go.kr)와
국가자료공동목록시스템(http://www.nl.go.kr/kolisnet)에서
이용하실 수 있습니다. (CIP제어번호: CIP2020015985)

Our Father

우리 아버지
알렉산더 슈메만의 주의 기도 해설

알렉산더 슈메만 지음 · 정다운 옮김

비아

| 차례 |

일러두기

· 역자 주석의 경우 *표시를 해 두었습니다.

· 성서 표기와 인용은 원칙적으로 대한성서공회판 『새번역』(2001)을 따랐습니다.

· 단행본 서적의 경우 『 』표기를, 논문이나 글의 경우 「 」, 음악 작품이나 미술 작품의 경우 《 》표기를 사용했습니다.

거룩하신 아버지께서는 주님으로 불리기보다
아버지로 불리기 바라십니다.
그분은 우리에게
당신을 찾는 일에는 큰 확신을,
당신께 간구하는 일에는 큰 희망을
주고 싶어 하시기 때문입니다.

테르툴리아누스, 『기도론』De oratione 中

들어가며

이 책, 알렉산더 슈메만 신부의 '주의 기도 해설'은 본래 구소련인들이 들도록 '자유유럽방송'Radio Liberty으로 송신되었던 일련의 강연을 엮은 것입니다. 그가 저명한 러시아 작가들을 자주 인용하는 한편, 불가지론자, 비신자, 전투적 무신론자들에게 다가갈 수 있도록 그들을 염두에 두고 이야기를 이어간 이유도 이 때문입니다. 이 강연에서 그는 자신에 함몰되어 궁극적 목적과 존재 이유를 잊은 종교, 혹은 (그의 표현을 빌리면)'종교성'Religiosity을 단호히 고발합니다. 신앙은 우리를 위로하거나 편안하게 해주는 도구가 아닙니다. 신앙을 이런 식으로 변용하는 것은 심대한 '유혹'입니다. 정치적

억압이 있는 때도, 자유로운 시절에도 이러한 유혹은 늘 있습니다. 슈메만은 이런 우리를 위해 그리스도께서 이 세상에 주신 단순한 기도, 그리스도께서 공인하신 유일한 기도인 주의 기도를 들고나왔습니다. 그는 그만의 방식, 단순하나 심오한 방식으로 이 기도를 구성하고 있는 말들(그의 나라, 그의 뜻, 일용할 양식, 죄, 용서, 유혹 … 같은), 여전히 이 기도를 암송하고 있으나 이제는 잃어버린, 우리 시대에는 명백히 파산해버려 우리와 무관해진, 그러나 영원을 담고 있는 저 말들을 우리에게 상기시킵니다.

잠들기 전 마음을 달래줄 묵상을 바라며 책을 펼치는 분들은 실망할 것입니다. 오히려 우리 귀에 친숙한 그 간구들이 완전히 생경해지고 소스라쳐 오히려 잠이 달아날 테니 말이지요.

슈메만에게 정직하게 귀 기울이는 이라면 누구나 우리 안에 있는 숱한 오해와 왜곡을 알게 될 테고 2천 년 넘는 시간 동안 그 왜곡과 오해를 견뎌온, 그 모든 오해를 견디고도 살아남은 말들을 만나게 될 것이며, 그를 묵상하는 일은 우리를 기꺼운 회심으로 이끌 것입니다. 슈메만 신부는 우리를 주의 기도의 정수로 인도하며 그렇게 우리 삶의 목적과 그 목적을 이루는 길을, 그 길로 가는 완전히 새롭고도 생생한

지도를 그려줍니다.

이는 전혀 과장이 아닙니다. 그리스도께서 가르치신 이 간결한 기도는 우주까지를 포괄하며 그분과 그분의 나라, 우리의 삶과 우리 모두에 관해 말해야 할 모든 바를 담고 있으니까요.

슈메만 신부는 여러 말과 글을 통해 특정 신학 해석과 개념을 언어로 실어나르기란 불가능하거나 매우 어렵다고 실토하곤 했습니다. 하지만 생명의 신비와 그분의 계시를 언어로 그려낸, 그 불가능한 일을 수행하는 여러 이콘 화가 중에서도 그는 단연 탁월한 장인이었습니다.

이제 우리에게 이 소중한 선물이 주어졌습니다. 모든 선한 선물은 궁극적으로 '모든 빛의 아버지'이신 그분에게서 나옵니다. 부디 거룩한 빛이 매 구절, 매 장을 비추어 독자들이 그 빛을 향해 자신을 열고 그 빛을 받을 수 있게 해주시기를 간구합니다.

감사를 담아
알렉시스 비노그라도프 Alexis Vinogradov

하늘에 계신 우리 아버지

01

하늘에 계신 우리 아버지

예수 그리스도께서는 여기, 단 하나의 기도만을 우리에게 남겨주셨습니다. 그렇기에 보통 이를 '주의 기도'Lord's Prayer라 부릅니다. 제자들은 예수께 애원했습니다.

저희에게 기도를 가르쳐주십시오. (눅 11:1)

이에 그분은 이 기도로 답하셨습니다.

하늘에 계신 우리 아버지,

아버지의 이름을 거룩하게 하시며

아버지의 나라가 오게 하시며,

아버지의 뜻이 하늘에서와 같이

땅에서도 이루어지게 하소서.

오늘 우리에게 일용할 양식을 주시고,

우리가 우리에게 잘못한 사람을 용서하여 준 것 같이,

우리 죄를 용서하여 주시고,

우리를 시험에 빠지지 않게 하시고,

악에서 구하소서.

나라와 권세와 영광이 영원히 아버지의 것입니다. 아멘.

(마 6:9~13)

주의 기도는 이 모습 그대로 2천 년 동안 전해 내려왔습니다. 그러니 세계 어느 곳에서든, 누구든 이 기도를 입에 담는 순간, 그는 한때 그리스도의 입에서 나온 그 말로 기도를 하는 것이 됩니다. 이 짧은, 언뜻 보기에 단순해 보이는 기도가 그리스도교의 심장으로 향하는 가장 좋은 길인 이유, 이보다 나은 길은 없는 이유도 그 때문입니다. 하지만 제게 이 기도를 해설해 달라는 분이 몇이나 계셨던 것을 보면, 이 기도가 실제로 그리 단순하지만은 않은 듯합니다.

본격적으로 주의 기도를 해설하기에 앞서, 이 기도는 무궁무진한 의미를 품고 있기에 단 하나의 궁극적인 답, 완벽한 설명을 제시하기란 애초에 불가능하다는 점을 말해야겠습니다. 복음이 그러하듯 이 기도는 우리 한 사람 한 사람에게 늘 새로운 모습으로 다가와 우리 자신, 우리 자신의 필요와 질문, 우리의 순례의 여정을 위한 기도가 되어 줍니다. 하지만 동시에 이 기도의 핵심은 영원히 변하지 않는 것으로 남아 언제까지나 가장 중요한 것, 궁극적인 것, 가장 높은 곳으로 우리를 부릅니다.

진정 주의 기도를 들으려면, 이 기도에 참여하려면 우선 우리 내면에 자리한 혼란에서 벗어나야 합니다. 산만한 정신을 모으고 영혼이 빠지기 쉬운 더러운 곳에서 나와야 합니다. 우리는 무언가 너무 고귀해 보이거나 깊은 의미를 지니고 있어 보이는 것과 마주했을 때 이를 회피하려는 경향이 있습니다. 이는 아마도 우리 영혼이 지닌 가장 끔찍한 특성일 것입니다. 우리는 무의식적으로 하찮고 사소한 것을 고르고, 살기 편한 길을 택하고 싶어 합니다. 누군가는 『안나 카레니나』Anna Karenina에 나오는 인물 쉬체르바스카야Sviyazhskiy를 떠올릴지 모르겠습니다. 그녀는 어떤 주제로도 토론할 수 있고 무엇이든 이해하지만, 삶의 의미에 관한 보다 깊은 질문으로 대화가 진행되면 자신을 닫아겁니다. 그리고 그렇게 굳게 닫힌 문은 누구도 통과할 수 없습니다. 톨스토이Tolstoy는 인간의 이런 모습을 묘사하는 데 특히 탁월했지요.

너무도 자주 우리는 궁극적인 것the ultimate과 마주하라고 우리를 부르는 목소리, 내면에서 일어나는 그 목소리를 잠재우려 애씁니다. 그렇기에 우리는 먼저 다른 방식으로, 다른 틀로 들어가려 노력해야 합니다. 모든 기도 중의 기도라 할 수 있는 이 기도가 우리 영과 영혼에 울려 퍼지게, 우리 안에서 그 기도가 흐르게, 그 온전한 의미가 밝히 드러나 우리 영혼을 채우는 음식과 음료가 되게 해야 합니다.

이제, 닫힌 마음을 열고 본격적인 이야기를 시작합시다. 먼저 부르는 말을 살펴봅시다.

우리 아버지

이 호칭은 애원인 동시에 확신입니다. 기도를 가르쳐 달라 요청하는 이들에게 그리스도는 먼저 이 호칭을 제안하십니다. 우리가 거룩한 창조주를 아버지로 여기며 "아버지"라고 부를 수 있다는 사실은 그리스도께서 우리에게 남겨주신 너무도 소중한 선물이며 모든 위로, 기쁨, 영감의 원천입니다.

거룩하신 그분에 관해 우리가 고안해 낸 생각들이 얼마나 많습니까? 절대자the Absolute, 제1 원인the First Cause, 전능자Omnipotent, 창조주Creator, 자비를 베푸시는 분Benefactor, 신God … 우리는 무수한 말로 그분을 부릅니다. 이 말들, 이 말들에 담긴 생각에는 그분에 관한 진리의 일부가 담겨 있으며 그분에 관한 풍요로운 경험, 깊은 이해와 이어져 있습니다. 하지만 이 하나의 말, "아버지"라는 말이 "우리"라는 말과 만나면 이 호칭은 그 모든 개념을 포괄하면서 동시에 다른 모든 개념이 담아내지 못하는 친밀감, 사랑, 너무나도 고유해 반복되지 않고 기쁨으로 가득한 일치를 드러냅니다.

우리 아버지

이 말을 통해 우리는 사랑이 무엇이며 사랑에 응답하는 것이 무엇인지를 봅니다. 친밀한 관계를 체험하며 그 체험에서 오는 기쁨을 맛봅니다. 신앙은 신뢰로 이어지고 의존은 자유가

됩니다. 이 부름을 통해 우리는 친밀감을 맛보며, 이렇게 궁극적인 기쁨이 펼쳐집니다. '우리 아버지'라는 호칭은 그분에 '관한' 정보성 지식이 아닌, 사랑하는 이를 알듯 그분을 아는 지식입니다. 사랑 안에서, 그분과 하나 되어, 그분을 신뢰하며 나누는 친교입니다. 그분을 '우리 아버지'라 부를 때 영원은 이미 시작됩니다. 그렇게 우리는 영원을 알아갑니다. 그리스도께서도 아버지를 향해 말씀하셨습니다.

영생은 오직 한 분이신 당신을 아는 것입니다. (요 17:3)

그렇기에 이 호칭은 기도를 시작하는 말일 뿐 아니라 기도가 놓인 바탕 그 자체입니다.

우리 아버지

이 말은 다른 모든 간구를 가능하게 하며 그 모든 간구에 의미를 불어 넣습니다. 가장 깊고도 근원적인 의미에서 그리스도교는 거룩하신 그분의 아버지 됨fatherhood에 기반한 종교입니다. 이는 그리스도교가 지적 개념 혹은 철학적 추론이 아닌 사랑, 우리의 전 생애에 흐르고 있는 사랑, 이 인격적 사랑의 체험에 기반을 두고 있다는 뜻입니다.

우리 아버지

주의 기도를 여는 이 첫 번째 말에 이 모든 암시가 담겨 있습니다. 그리고 이 호칭에 우리는 "하늘에 계신"이라는 말을 덧붙입니다. 그리하여 모든 기도가(그리고 그 기도와 함께 우리의 전 생애가) 하늘로 들어 올려집니다. "하늘"은 삶의 수직적인 차원을 가리킵니다. 그러므로 "하늘"을 말할 때 우리는 우리 인간이 더 높고 영적인 차원을 지향한다고 말하는 셈입니다. 인간의 삶을 순수하게 생물학적인 범주, 물질의 범주에서만 다루어 인간을 격하하려는 이들은 '하늘'을 증오하고 조롱합니다.

그러나 하늘은 자연에 속한, 혹은 천문학에서 다루는 하늘이 아닙니다. 무신론자들은 하늘을 그렇게 알고 이에 논박하지만, 실은 하늘은 인간의 삶이 다다를 수 있는 가장 높은 극pole입니다.

하늘에 계신 우리 아버지

이 말을 통해 우리는 인간이 신성한 사랑 가운데, 세계 곳곳
에 스며들어 세계를 끌어안는 그 거룩한 사랑 가운데 있다는
신앙을 표현합니다. 또한 세계에 사랑이 임했고, 세계가 그
사랑을 가리키고 반영한다는 신앙을 표현합니다. 그렇게 우
리는 이 말을 통해 인간의 영광과 운명이라는 궁극적인 소명
이 하늘에 있음을, 그곳이야말로 우리의 영원한 고향이며 그
분의 집임을 고백합니다.

하늘에 계신 우리 아버지

그리스도께서는 우리가 거룩하신 분의 자녀라는 증거로 우
리에게 이 말을 주셨습니다. 주의 기도를 여는 이 말은 그에
대한 기쁨에 찬 확신이며 언젠가 누리게 될 모든 완전한 기
쁨의 전조입니다.

아버지의 이름을 거룩하게 하시며

02

아버지의 이름을 거룩하게 하시며

하늘에 계신 우리 아버지

기쁨에 넘쳐, 사랑을 담아, 축제를 누리듯 그분을 부른 뒤 우리는 말합니다.

아버지의 이름을 거룩하게 하시며

이 말을 소리 내 입 밖으로 되뇔 때 우리는 무엇을 기도하며 무엇을 요청하는 것입니까? 또 무엇을 표현하는 것입니까? 그분의 이름을 거룩하게 한다는 것은 무슨 뜻입니까?

아버지의 이름을 거룩하게 하시며

안타깝게도 대다수 신자가 뜻을 숙고하지 않은 채 이 말을 하고 있습니다(저는 이를 확신합니다). 무신론자들이야 혼란스럽고 기이한 말들의 조합이라며 설레설레 고개를 내젓겠지만 말입니다.

아주 오래전부터 인류는 최상의 가치를 지닌 것, 우리가 받아들여 마땅한, 경외해야 할, 숭배해야 할, 감사를 담아 찬미해야 할 것을 향해 성스럽다고 혹은 거룩하다고 말했습니다. 또한 인류는 이 성스러운 것, 거룩한 것에 매혹되기도, 친근함과 친밀함을 느끼기도 했습니다. 조국에 대한 뜨거운 헌신, 부모를 향한 지극한 사랑을 우리는 '숭고하다(성스럽다)'고 말합니다. 너무도 아름다운 것, 완벽한 것, 경이로운 것을 마주했을 때도 '성스럽다'고 이야기하지요. 그러므로 성스러움, 거룩함이란 더 높고 더 순수한 최상의 가치를 지닌 모든 것에 돌려 마땅한 감정이자 활동입니다. 그렇기에 거룩함은 인간이 가질 수 있는 최고의 소망이기도 합니다.

진정 성스러운 것은 우리에게 우리의 내면이 자신이 지닌

'성스러움'을 알아차리고 자유롭게 이를 갈망하게 합니다. 성스러움이 그를 요구합니다. 이것이 진실로 성스러운 것, 거룩한 것이 지닌 기이한 특성입니다. 성스러움은 단순한 지식에 머물지 않고 삶으로 흘러들어 우리의 행동이 됩니다. 성스러운 깨달음은 삶과 일치되려 합니다. 2의 두 배가 4임을 알고, 특정 온도에서 물이 끓어오름을 아는 것은 좋을 것도 나쁠 것도 없는 지식에 불과합니다. 이는 그저 맞고 틀림, 알고 모름, 천재성과 아둔함의 문제일 뿐입니다. 하지만 어떤 아름다움을, 도덕적 완성을 엿보고, 이 세계와 삶에 대한 특별한 직관을 통해 성스러움을 깨닫고 경험하면, 이 지식은 즉각 우리에게 무언가를 요구합니다. 우리 안에 어떤 변화를 불러오고, 우리를 어딘가로 초대하며, 우리를 사로잡고 매혹합니다.

푸시킨Aleksandr Pushkin은 널리 알려진 시에서 이를 간결하고도 아름답게 묘사한 바 있습니다. "영광스러운 순간의 기억…", "훼방하는 폭풍"의 침입으로 인해 "꿈"을 잊은 채, "이전의 소망"을 상실한 채 시인은 씁니다.

… 내 영혼은 깨어났네.

다시금 당신이 오시네.

스쳐 지나가는 환상으로

찰나에 반짝이는 순수한 아름다움으로

기쁨에 겨워

내 심장은 충만히 고동치며

거룩함이 부활했음을 느끼네.

영감이, 삶이,

눈물이, 그리고 사랑이.

여기서 성스러움은 아름다움으로 묘사됩니다. 성스러움을
경험하면 삶은 영원히 변화됩니다. 푸시킨의 표현을 빌리면
삶이 의미와 영감, 기쁨과 거룩함으로 가득 채워집니다.

이러한 맥락에서 종교적 경험Religious experience이란 가장 순
수한 형태로 거룩함을 체험하는 것이라 할 수 있습니다. 다
소나마 이를 경험해 본 이는, 그 경험이 우리의 모든 생애를
관통해 내면과 삶에 변화를 요구한다는 것을 압니다. 그리고
이를 아는 이들은 우리가 이를 진정으로 갈망하고 있음에도
우리 내면에 어떤 관성, 나약함, 존재의 협소함으로 인해 무

엇보다도 성스러운 것, 가장 높고 순수하며 거룩한 것을 마주하는 것에 대한 본능적인 두려움으로 인해, 그 성스러움을 온전히 경험하지 못한다는 것 또한 압니다. 이 때문에 우리의 마음, 영혼은 거룩한 것을 만나기를 갈망하면서도 진정으로 거룩한 것을 만났을 때 문자 그대로 상처를 입습니다. 이와 관련해 사도 바울은 우리에게 거룩한 것에 대한 갈망에 대항하는 또 다른 법이 자리하고 있음을 상기시킵니다.

> 내 몸 속에는 내 이성의 법과 대결하여 싸우고 있는 다른 법이 있다는 것을 알고 있습니다. 그 법은 나를 사로잡아 내 몸 속에 있는 죄의 법의 종이 되게 합니다. (롬 7:23)

아버지의 이름을 거룩하게 하시며

이는 그분을 실제로 보았고, 그분을 받아들인 이의 외침입니다. 그리고 오직 이 전망 안에서만 충만한 삶, 충만한 영감, 충만한 행복이 있음을 발견하게 된 이의 외침입니다.

아버지의 이름을 거룩하게 하시며

이 말은 세계에 있는, 세계를 이루는 만물이, 그리고 우리 자신의 삶, 우리 한 사람 한 사람이 하는 일, 우리 한 사람 한 사람이 하는 말들이 우리가 받게 된, 우리에게 밝히 드러난 성스럽고도 거룩한 그 이름을 비추기를 기도하는 것입니다. 이 말을 통하여 우리는 우리의 삶이 다시금 빛으로, 환희로, 찬미로, 선한 힘으로 들어 올려지기를, 아버지께서 만물을 당신의 거룩한 지혜와 거룩한 사랑으로 가득 채우시기를 간구합니다.

아버지의 이름을 거룩하게 하시며

이 말을 통해 우리는 저 들어 올려짐과 변화가 녹록지 않은, 힘겨운 일임을 되새기고 이를 도와 달라고 아버지께 호소하고 또 간구합니다. 우리는 어둠과 악, 사소함, 피상성, 소란스러움에 둘러싸여, 이에 사로잡혀 있기 때문입니다. 우리는 하늘을 향해 오르다가도 떨어져 상처를 입고, 이런저런 노력을 하다가도 나약해 실패하고 이내 낙담해버립니다. 이를 두고 표도르 튜체프Fyodor Tyutchev는 노래했습니다.

상처 입은 새와 같은 인생,

날아오르러 애쓰나 날지 못하네.

거룩함을 경험한다는 것은 세계 너머를 마주하는 신비를, 순수한 아름다움을 엿보는 찰나를 경험한다는 뜻입니다. 이를 경험한다 해서 우리의 삶이 더 편안해지지는 않습니다. 아니, 실은 더 힘들어집니다. 소란스럽고 별것 아닌 이들로 가득 찬 삶에 잠겨 사는, 내면의 분투를 모르는 이들은 거룩함을 경험한 이들을 질투합니다. 하지만 바로 그러한 분투 가운데만 인간은 자신의 고귀한 소명을 이룰 수 있습니다. 그렇게 애쓰는 중에(올라갔다가 넘어져 미끄러지기를 반복하는 가운데) 인간은 인간이 됩니다.

이 모든 것이 주님께서 드린 기도의 첫 번째 간구에 담겨 있습니다. 이처럼 짧고 난해하나 동시에 기쁨이 가득한 간구로 우리는 기도를 엽니다.

아버지의 이름을 거룩하게 하시며

이 간구를 그저 입으로 되뇔 뿐 아니라, 풍성히 살아갈 때 우리가 가진 최상의 가능성이 실현됩니다. 우리 안에 있는 모든 것은 새로운 삶을 갈망합니다. 거룩한 불꽃으로 타오르는 삶을, 모든 불순한 것, 우리를 아래로 끌어당기는 모든 무가치한 환상들이 불에 타 사라지기를 우리는 원합니다. 그러니 이는 고된 과정을 요하는 간구입니다. 대다수에게 이 간구는 무거운 짐으로 느껴집니다. 하지만 그리스도께서는 이 간구가 우리가 아버지께 드릴 가치가 있는 유일한 기도이자 첫 번째 기도임을 보여주셨습니다. 이 모든 어려움을 깨닫고, 그러면서도 이 간구가 그 자체로 얼마나 좋은 것인지를 알고서 이 기도를 말하는 이들은 아주 소수에 불과합니다. 하지만 그럴 때라야 '아버지의 이름을 거룩하게 하시며'라는 말이 온 세상에 울려 퍼질 것입니다. 이 간구가 사라지지 않는 한, 인간은 완전히 비인간화되지 않을 것입니다. 이 간구가 사라지지 않는 한, 인간은 아버지께서 인간을 창조하시며 주신 소명을 완전히 배신하지 않게 될 것입니다.

아버지의 이름을 거룩하게 하시며

아버지의 나라가 오게 하시며

03

아버지의 나라가 오게 하시며

주의 기도에서 두 번째 간구는 "아버지의 나라가 오게 하시며"입니다. 첫 번째 간구와 마찬가지로 우리는 이 간구에 담긴 뜻이 무엇인지, 이 간구가 기도자의 양심과 소망, 갈망을 어디로 향하게 하는지를 물어야만 합니다. 첫 번째 간구가 그랬듯 이 역시 간단하게 답하기는 어렵습니다.

초기 그리스도교인들에게 이 간구가 뜻하는 바는 단순했습니다. 좀 더 정확하게는 당시 그리스도인이라면 이 간구에 그리스도인의 신앙과 소망의 정수가 담겨 있다고, 이를 드러낸다고 말할 수 있었습니다. 복음서를 한 번만 읽어보더라도 그리스도께서 선포하시고 가르치신 내용의 핵심에 주님의 나라가 자리하고 있음을 손쉽게 알 수 있습니다. 그분은 이 땅에 오셔서 당신의, 그리고 아버지의 나라에 관한 복음을 선포하셨습니다.

> 회개하라, 하늘나라가 가까이 왔다. (마 4:17)

그리스도께서 말씀하신 대부분의 비유도 바로 이 하늘나라, 혹은 아버지께서 통치하시는 나라에 관한 것입니다.

> 하늘나라는 자기 밭에다가 좋은 씨를 뿌리는 사람과 같다. 사람들이 잠자는 동안에 원수가 와서 밀 가운데에 가라지를 뿌리고 갔다. 밀이 줄기가 나서 열매를 맺을 때에, 가라지도 보였다. 그래서 주인의 종들이 와서, 그에게 말하였다. '주인어른, 어른께서 밭에 좋은 씨를 뿌리지 않으셨습니까? 그런데 가라지가 어디에서 생겼습니까?' 주인이 종들에게 말하기를 '원수가 그렇게 하였구나' 하였다. 종들이 주인에게 말하기를 '그러면 우리가 가서 그것들을 뽑아 버릴까요?' 하였다. 그러나 주인은 이렇게 대답하였다. '아니다. 가라지를 뽑다가, 가라지와 함께 밀까지 뽑으면 어떻게 하겠느냐?

추수 때까지 둘 다 함께 자라도록 내버려 두어라. 추수할 때에, 내가 추수꾼에게, 먼저 가라지를 뽑아 단으로 묶어서 불태워 버리고, 밀은 내 곳간에 거두어들이라고 하겠다.'

(마 13:24~30)

하늘나라는 겨자씨와 같다. 어떤 사람이 그것을 가져다가, 자기 밭에 심었다. 겨자씨는 어떤 씨보다 더 작은 것이지만, 자라면 어떤 풀보다 더 커져서 나무가 된다. 그리하여 공중의 새들이 와서, 그 가지에 깃들인다. (마 13:31~32)

하늘나라는 누룩과 같다. 어떤 여자가 그것을 가져다가, 가루 서 말 속에 살짝 섞어 넣으니, 마침내 온통 부풀어 올랐다. (마 13:33)

그리스도께서는 이처럼 그 나라를 가진 것을 다 팔아 살만한 보물에, 큰 나무로 자라날 씨앗에, 빵 반죽을 부풀어 오르게 할 누룩에 비유하십니다.

복음서를 읽는 내내 우리는 이토록 신비로우면서도 매혹적인 약속, 선언을 듣습니다. 그렇게 그분은 당신의 나라로 우리를 초대하십니다. 먼저 당신의 나라를 구하라고(마 6:33), 그러면 "그 나라의 자녀(마 13:38)"가 될 것이라 약속하십니다. 기나긴 그리스도교 역사에서 가장 기이한 점은 이처럼 복음의 핵심, 예수께서 전하신 메시지의 중앙, 중심에 있던 것이 이제는 낯선 수수께끼가 되어버렸다는 것입니다. 답은 어딘가로 사라져 버렸고, 우리 앞에는 수수께끼만이 남았습니다. 그러니 어떻게 우리가 진실로 그분의 나라에 관해 기도할 수 있겠습니까? 어떻게 진실로 아버지의 나라가 오게 해달라고 빌 수 있으며, 스스로 그 소원을 되새길 수 있을까요? 이 말들이 그저 우릴 교묘하게 비껴가는 공허한 약속이 아니라면 말입니다.

이 물음이 답하기 어려운 첫 번째 이유는 복음이 전하는 아버지의 나라, 하늘나라가 이중의 의미를 지니고 있는 것처럼 보인다는 데 있습니다. 한편으로 그 나라는 미래에 도래할, 마지막 날에 임할, 저 너머에 있는 나라인 것처럼 보입니다. 그리스도교의 적들, 무신론자들은 이런 관점에 서서 그리스도교를 비난하곤 했습니다. 그리스도교 신앙은 이 지상 너머 보이지 않는 어떤 세계에 무게 중심을 두고 있어 이 세계에 있는 악과 불의에 대해서는 무관심하다는 것이지요. 정말 그렇다면 아버지의 나라가 오게 해달라는 간구는 이 세계가 끝나게 해 달라는, 사라지게 해 달라는, 지상 너머 먼 곳에 있는 그 세계가 어서 이곳에 오게 해달라고 재촉하는 기도일 것입니다.

하지만 그렇다면 왜 그리스도께서 나라가 이곳에 임했다고 말씀하셨으며, 제자들의 물음에 이 나라가 그들 가운데, 그들 안에 있다고 답하셨겠습니까. 이는 우리가 그분의 나라를 간단하게 이 세계가 파국을 맞은 후 펼쳐지게 될 또 다른 세계, 비극적인 종말에 뒤이어 등장하는 다른 미래로 정의할 수 없다는 뜻이 아닐까요?

이렇게 묻기 시작했다면 비로소 그분의 나라가 무엇을 뜻하느냐는 문제의 핵심에 다가서기 시작했다고 할 수 있습니다. 그분의 나라에 대한 이해가 자라지 않고 멈춰 있다면, "아버지의 나라가 오게 하시며"라고 기도하면서도 그 의미를 모르겠다면, 이는 그 충만한 소리가 우리 귀에 들리지 않기 때문일 것입니다. 언제나 우리는 우리 자신, '자기'를 중심으로 질문을 던집니다. 이른바 '신자'들조차 자신의 관심사에 부합하는 질문과 대답에 한해서만 그리스도교의 메시지에 관심을 두곤 합니다.

'내 영혼'은 정말 불멸할까?

'내'가 죽으면 모든 것이 정말 끝나는 것일까? 아니면 무언
가 두렵고 신비로운 미지의 세계, 이 세계 너머에 있는 세계
로 건너가는 것일까?

우리는 이런 것들에만 관심을 둡니다.

하지만 그리스도교가 전하는 복음은 그런 질문에 답을 주
지 않습니다. 복음은 거룩하신 그분, 생명으로 충만하신 분,
모든 생명의 생명이 되신 분, 생명 그 자체이신 분, 빛이고 사
랑이며 지혜인 영원하신 분을 마주하는 그 '나라'로 우리를
부릅니다. 복음은 인간이 그분과 만나, 그분을 알고, 기쁨으
로 또 사랑으로 자신을 그분께 바칠 때 그 나라가 시작된다
고 이야기합니다.

복음은 우리 삶이 그분의 빛으로 가득할 때, 그분에 대한
앎, 그분께 받은, 그리고 그분을 향한 사랑으로 가득할 때 그

나라가 임한다고 이야기합니다. 그리고 복음은 이 거룩한 생명 가득한 삶을 사는 이에게는 모든 것이, 죽음까지를 포함한 모든 것이 새로운 빛 속에 드러나게 되리라고, 지금 여기의 삶이 영원 그 자체로, 즉 그분 자신으로 채워 지리라고 말합니다.

아버지의 나라가 오게 하시며

너무도 독특한 이 말이 우리의 입 밖으로 나올 때, 우리는 무엇을 기도하는 것일까요? 다른 무엇보다도 우리는 이 말을 통해 지금 여기, 오늘 이곳, 현재 처한 환경에서 그 나라와 만나기를, 평범한 하루, 고단한 오늘에 "아버지의 나라가 여기 가까이 왔다"는 말이 울려 퍼지기를, 우리의 삶이 그분의 나라의 권능과 빛으로 채워지기를, 믿음과 소망과 사랑의 능력이 임하기를 간구하는 것입니다.

더 나아가, 이 간구를 통해 우리는 온 세계, 너무나도 분명하게 악에 사로잡혀 있고 허기져 있으며 두려움에 함몰된 채 분투를 벌이고 있는 이 세계가 그 빛을 받아들이기를 갈망합니다. 2천 년 전 이 세계로 들어 온 빛, 로마 제국의 변두리에서 나왔으나 이제 온 세상에 울려 퍼지는 그 음성을 온 세계가 보고 듣고 받아들이기를, 우리는 갈망합니다.

회개하라, 그분의 나라가 가까이 왔다.

또한 우리는 이 간구를 통해 우리가 그분의 나라를 배신하지 않기를, 그분의 나라에서 계속 멀어지지 않기를, 우리를 에워싼 어둠에 침잠하지 않기를 기도합니다. 그렇게 그분께서 우리를 도와주시기를 기도합니다. 그리하여 마침내 그리스도께서 말씀하신 대로 아버지의 나라가 권능으로 오기를 기도합니다.

분명 그리스도교는 늘 미래를 향한 기대를 품고 있습니다. 그분께 사랑받는 날을 그리스도인들은 고대합니다. 땅과 하늘에서 마지막 선포가 울려 퍼질 날을 소망합니다. 이러한 소망을 담아 바울은 말했습니다.

주님은 만유의 주님이 되실 것입니다. (고전 15:28)

그러니 어쩌면 이 말은 '기도'가 아니라고 해야 할지도 모르 겠습니다. 인생에서 단 한 번이라도 그 나라를 맛보고 느낀 이, 그 나라에 속해 빛을 보고 기쁨을 누린 이, 그리하여 이를 사랑하는 이는 그분의 나라야말로 살아있는 모든 존재의 고 향이자 핵, 그 모든 가능성을 성취하는 곳임을 알 테고, 그런 이에게 저 말은 기도이기보다 자신을 살아있게 하는 심장, 맥박일 테니까요.

아버지의 뜻이 하늘에서와 같이 땅에서도 이루어지게 하소서

04

아버지의 뜻이 하늘에서와 같이
땅에서도 이루어지게 하소서

아버지의 뜻이 하늘에서와 같이

땅에서도 이루어지게 하소서.

이 말은 주의 기도의 세 번째 간구입니다. 다른 간구들에 비하면 이 간구는 그나마 단순하고 이해하기 쉬워 보입니다. 진실로 거룩하신 아버지를 믿는다면 그분의 뜻에 순종하고, 그분의 뜻을 받아들인 것일 테니 아버지의 뜻이 하늘에서 그렇듯 이 땅에서, 자신을 둘러싼 모든 것들 속에서도 이루어지기를 갈망해야겠지요. 하지만 현실에서 이 간구는 가장 어려운 간구에 속합니다.

아버지의 뜻이 … 이루어지게 하소서.

이 간구는 바로 신앙의 궁극적인 척도입니다. 무엇보다 자신의 신앙이 풍요로운지 피상적인지, 자신의 종교성이 풍요로운지 거짓인지를 식별하는 기준이 된다고도 할 수 있습니다. 어째서 그럴까요? 그분을 믿는다고 이야기하는 가장 열렬한 신자조차 (늘 그러지는 않더라도) 자주 아버지의 뜻이 아닌 '나'의 뜻이 이뤄지기를 구하고, 갈망하고, 기대하기 때문입니다. 이를 보여주는 가장 분명한 증거는 복음서에 나옵니다. 그리스도께서 어떻게 사셨는지를 생각해 봅시다.

그리스도께서 본격적인 활동을 하실 때부터 익명의 군중이 그분을 따라다녔습니다. 그러나 그들이 그분을 따른 것은 자신들의 뜻을 이루어 주셨기 때문입니다. 그렇지 않습니까? 그분은 그들의 병을 치유해주셨고, 그들의 필요로 하는 바를 도와주시고, 위로해 주셨습니다. 하지만 그분이 복음의 본질을 말씀하기 시작하자, 당신을 따르려면 '나'를 부인해야 한다는 사실을 말씀하시자 군중은 등을 돌립니다. 그분의 가르침이 어려워지고 고양되더니 이윽고 희생을, 불가능한 것을, 즉 '아버지의 뜻'을 가르치기 시작하자 군중은 그분께

분노하며, 증오하고, 그분을 버립니다. 이어지는 그들의 섬뜩한 외침을 보십시오.

그자를 십자가에 못 받으시오! 십자가에 못 받으시오!

(눅 23:21)

그리스도께서 '자신들의 뜻'을 채워주시지 않은 데 대해 그들은 이렇게 분노합니다.

그리스도는 사랑과 용서를 말했지만 군중은 자신들을 도와주고 치유해주기만을 바랐고, 그분은 '아버지의 나라'를 말했지만 군중은 승리만을, 적에게서 해방되기만을 바랐습니다. 군중은 그분이 자신들의 전통과 관습을 준수하기를 바랐지만 그분은 술집 주인, 죄인, 매춘부와 먹고 마시며 전통과 관습에 저항하셨습니다. 어쩌면 유다가 그분을 배신한 이유도 이에 실망했기 때문이 아닐까요. 그는 자기 뜻을 이루어 줄 그리스도를 기대했으나 정작 그리스도께서는 스스로를 심판과 죽음에 내어주셨으니 말입니다.

복음서는 이런 예들로 가득합니다. 그리고 이어지는 2천

년 그리스도교 역사에서도 우리는 이와 같은 드라마가 되풀이되고 있음을 목격합니다. 우리 모두는, 또 당신은 그리스도께 진정 무엇을 바랍니까? 인정합시다. 우리는 그분께서 '우리의 뜻(나의 뜻)'을 이루어 주시기를 바랍니다. 우리의 원수를 물리쳐주시기를 바랍니다. 우리의 꿈을 현실로 만들어 주시기를, 우리를 친절하게 대해 주시기를, 우리에게 잘해 주시기를 바랍니다. 그러다 그분께서 우리의 뜻을 이루어 주시지 않으면 좌절하고 분노합니다. 그렇게 우리는 그분을 버리고 부인하기를 반복합니다.

아버지의 뜻이 … 이루어지게 하소서.

이렇게 기도하면서도 실제로 우리는 생각합니다.

우리의 뜻이 이루어지게 하소서.

그러므로 주의 기도에 있는 이 세 번째 간구에서 우리 신앙의 참됨 여부가 판가름 납니다. 이 간구는 다른 무엇보다 우리를, 우리의 신앙을 심판하는 도구입니다.

여러분은 진실로 아버지에게서 오는 것들을 갈망합니까? 어렵고 고된 것, 저 높은 곳에 있는 것, 복음이 요구하는, 불가능해 보이는 요구에 응하기를 갈망합니까?

아버지의 뜻이 … 이루어지게 하소서.

이 간구는 이렇게 우리 삶의 목적과 방향이 진실로 어디를 향하고 있는지를 검증해줍니다. 내가 원하는 것이 실제로 무엇인지, 내 삶에서 가장 중요한, 가장 높은 가치는 무엇인지, 내 보물은 어디에 있는지(마 6:21)가 이 간구를 통해 드러납니다.

너의 보물이 있는 곳에, 너의 마음도 있을 것이다. (마 6:21)

종교의 역사, 그리스도교의 역사는 배신으로 가득합니다. 하지만 사람들이 범하는 잘못, 사람들이 저지르는 실패가 꼭 배신과 같지는 않습니다. 죄는 참회하면 되고, 실패는 바로잡으면 되며, 병은 회복하면 됩니다. 진정한 배신은 계속해서 '나의 뜻', 혹은 '우리의 뜻'을 '아버지의 뜻'으로 대체해 버리는 일이며 이편이 가장 나쁩니다. 이러한 배신으로, 종교

조차 이기주의가 됩니다. 그런 종교라면 사실 적들이 비난해 마땅합니다. 그렇게 종교는 '유사 종교'가 됩니다. 이 땅에서 '유사 종교'보다 끔찍한 것은 없습니다. 그리스도를 죽인 것이 바로 그 '유사 종교'이기 때문입니다.

스스로 신앙심이 깊다고 여겼던 바로 그들이 예수를 십자가에 못 박으라고, 죽이라고 저주하고 조롱했으며 예수를 파멸시키려 했습니다. 그들 중 일부는 종교를 민족과 동일시했기에 원수까지 사랑하라고 말씀하신 그리스도를 위험한 혁명가로 보았습니다. 또 어떤 이들은 기적을 일으키는, 권능을 발하는 종교를 원할 뿐이어서 그리스도께서 피를 흘리시며 십자가에 달린 모습을 수치스럽게 여겼습니다. 그 와중에 자신이 듣기 싫은 내용을 가르치는 예수에게 실망한 이들도 있었습니다. 이러한 모습이 오늘날에도 반복되고 있습니다.

아버지의 뜻이 … 이루어지게 하소서.

이 간구가 여전히 중요한 이유도 이 때문입니다.

아버지의 뜻이 … 이루어지게 하소서.

다른 무엇보다 이 말은 아버지의 뜻이 무엇인지 알도록 도와주시기를 구하는, 이를 헤아릴 힘을 내려주시기를 구하는 말입니다. 비록 처음에는 희미하게 보이더라도 결국 그 뜻을 식별하게 해 달라고, 우리의 머리로 하는 추론, 우리의 마음, 우리의 뜻이라는 한계를 극복하도록 도와달라고 우리는 간구합니다. 어렵고 고되며, 견디기 힘들어 보이는, 혹은 불가능해 보이는 그분의 뜻을 우리가 받아들이도록 도와달라고 간구합니다. 아버지께서 갈망하시는 것을 우리 또한 갈망하도록 우리를 도와주시기를 간구합니다.

이를 진정으로 간구하면 우리 앞에 그리스도께서 말씀하신 좁은 길이 펼쳐집니다. 우리가 '아버지의 뜻'을 갈망하면, 이 높고 어려우며 고된 소명을 받으면 사람들은 즉시 우리에게서 등을 돌릴 것이며, 친구들은 우리를 배신할 것이고, 우리는 홀로 남겨져 박해받고 외면당할 것입니다. 하지만 그것이 우리가 '아버지의 뜻'을 받았다는 징조입니다. 언제나 그렇습니다. 이제 그 좁고 고단한 길에 서 있는 이들에게 그분은 승리의 면류관을, 일시적인 인간의 승리가 아닌 아버지께서 이루시는 영원한 승리를 약속하십니다.

오늘 우리에게 일용할 양식을 주소서

05

오늘 우리에게 일용할 양식을 주시고

오늘 우리에게 일용할 양식을 주시고

주의 기도 네 번째 간구는 "우리의 일용할 양식"에 집중합니다. 여기서 '일용할'은 정말 실질적인 것, 우리 생존에 필수적인 것을 말합니다. 우리에게는 "일용할 양식"이 필요합니다. 앞선 세 간구는 모두 '아버지'와 직접 관련이 있는 간구였습니다. 아버지의 이름이 영광스럽게 되기를, 아버지의 나라가 오기를, 하늘에서처럼 땅에서도 아버지의 뜻이 이루어지기를 바라는 우리의 갈망을 표현했지요. 하지만 이제 이네 번째 간구에서 우리는 우리 자신의 필요로 눈을 돌려, 우리 자신을 위해 기도하기 시작합니다. 여기서 양식은 음식을 뜻할 뿐 아니라 삶을 유지하는 데 필요한 모든 것, 우리 삶을 가능케 하는 모든 것을 가리킵니다.

이 간구의 핵심에 가닿기 위해서는 성경에 나오는 '음식', 그리고 '음식'이 상징하는 모든 것을 상기해 보아야 합니다. 그래야만 인간의 생명을 유지해주는, 순전히 물질적인 측면에서만 이 간구를 보는 일을 멈추고 그 충만한 뜻을 드러낼 수 있습니다.

성경의 첫 장부터 양식이 등장하며, 인간이 창조되던 그 장면에서 양식이 진정으로 뜻하는 바 또한 드러납니다. 세계를 창조하신 후 창조주 아버지께서는 인간에게 먹거리를 주십니다. 이는 우선 인간의 삶이 먹거리에 의존하고 있음을, 이 땅에서 살아가는 동안 인간은 먹어야 살고, 그가 먹은 음식이 그의 생명이 됨을 뜻합니다. 이렇듯 인간이 자기 외부에 있는 무언가, 물질, 세계에 의존하고 있다는 것은 너무도 자명한 사실입니다. 유물론 철학의 창시자인 루트비히 포이어바흐Ludwig Feuerbach는 유명한 말을 남겼습니다.

당신이 먹는 것이 바로 당신이다.

하지만 성경이 가르치고 밝히 드러내는 바는 여기에 머무르지 않습니다. 음식을 받아들여 생명을 얻는다는 것은 곧 생명이 창조주로부터 나온다는 뜻이기도 합니다. 이렇게 궁극적으로 생명은 그분께서 주신 선물이기에 인간은 단순히 먹기 위해, 물리적 생존을 유지하기 위해서만 사는 존재가 아닙니다. 오히려 인간은 그분을 닮기 위해, 그분의 형상으로 자라기 위해 삽니다.

여기서 음식은 그 자체로 생명을 주는 선물, 인간을 자유롭게 하는 지식, 영혼을 아름답게 하는 것이 됩니다. 즉 음식은 생명이 됩니다. 하지만 창조주 아버지께서 인간을 창조하시며 땅을 다스리라고 명령하심으로 인간이 오직 음식에만 의존하는 상태는 극복됩니다. 거룩하신 아버지께서 주신 선물로 아버지께 음식을 받을 때 인간은 거룩한 생명으로 가득 채워집니다. 성경이 인간의 타락과 음식을 연결하는 것도 바로 이 때문입니다.

널리 알려진 금지된 과일 이야기를 생각해 봅시다. 인간은 창조주 아버지 몰래, 그분과 같이 되려고 금지된 과일을 먹습니다. 이 이야기가 뜻하는 바는 단순합니다. 인간은 음식만으로, 순전히 음식을 소비하는 것에만 의지해 오직 거룩하신 아버지에게서만 받을 수 있는 생명을 얻을 수 있으리라 믿었습니다. 인간은 거룩하신 아버지에게서 자유로워지기를 바라며 그 방편으로 음식을 찾았고 그렇게 인간은 음식에 의존하는 노예, 세상의 노예가 되었습니다. 이는 또한 인간이 죽음의 노예가 되었음을 뜻하기도 합니다. 음식은 우리에게 물리적인 생명을 주지만 우리를 이 세계와 죽음에서 자유롭게 해주지는 못합니다. 이는 오직 우리 주님만이 하실 수 있습니다. 그리하여 음식은 생명의 원천을 가리키는 상징에서 죽음을 가리키는 상징이 됩니다. 인간은 먹지 못하면 죽습니다. 그러나 먹어도 죽음을 면하지는 못합니다. 생명의 원천이 되시는 아버지에게서 벗어난 채로 음식을 먹는다는 것은 곧 죽음과 친교를 맺는 것을 뜻하기 때문입니다. 그렇기에 구원, 재창조, 용서, 부활을 전하는 복음도 음식과 관련이 있다는 것은 그리 놀라운 일이 아닙니다.

광야에서 주님이 악마에게 시험을 당하실 때, 배고파하는 주님을 향해 악마는 말했습니다.

네가 거룩하신 분의 아들이거든, 이 돌들에게 빵이 되라고
말해 보아라. (마 4:3)

하지만 그리스도께서는 이를 거절하시며 말씀하십니다.

사람은 빵으로만 살지 않는다. (마 4:4)

성경의 상징에 따르면 그분은 두 번째 아담으로서 그렇게 음식에만, 물질적 생명에만 의존하는 상태를, 그 무거운 짐을 심판하시며 극복하십니다. 그분이 스스로 이 의존에서 벗어나심으로써, 음식을 먹는 일은 필멸하는 세상의 노예가 되는 일이 아니라, 다시금 아버지께서 주신 선물을 받는 일, 거룩한 생명, 자유, 영원과 연합하는 사건이 됩니다.

매우 이른 시기부터 그리스도교인들은 자신들이 나누는 식사를 '유카리스트'Eucharist라고 불렀고 이는 '감사'를 뜻했습니다. 교회의 주된 기쁨, 신비는 이 새로운 음식, 거룩한 음식에서 나옵니다. 그렇게 그리스도교는 음식의 새로운 의미를 드러냅니다. 그리스도교인들은 신앙으로 이 새로운 음식, 하늘에서 주어지는 새로운 빵과 포도주를 나누는 자리에 참

여함으로써 이 계시를 완성합니다. 이렇게 드러난 의미에 비추어 볼 때만, 이처럼 감사하며 거룩한 음식을 기쁨으로 받아들일 때만 주의 기도 네 번째 간구의 깊이를 온전히 이해할 수 있습니다.

오늘 우리에게 일용할 양식을 주시고

이를 통해, 우리는 오늘, 우리에게 반드시 필요한 그 음식을 내려주시기를 아버지께 간구합니다. 여기서 양식은 우리 삶을 위해 반드시 필요한 모든 것(밥, 음식, 공기 등 우리에게 생명을 주는 모든 것)을 가리킵니다. 하지만 그게 다는 아닙니다.

(아버지,) 오늘 우리에게 일용할 양식을 주시고

이 간구에 생략된 주어('우리 아버지')가 있음을 기억해야 합니다. 즉, 이 간구는 그 모든 것, 우리 삶을 위해 반드시 필요한 모든 것의 궁극적인 원천이 거룩하신 아버지에게 있다는, 그분의 사랑, 우리를 향한 그분의 관심에서 저 모든 것이 나온다는 고백을 담고 있습니다. 어떠한 형태로 주어지든, 누구를 통해 받게 되든 그 모든 것을 주시는 분은 아버지이십니다. 더 나아가, 이 간구는 이 모든 선물의 가장 중요한 의미, 가장 중요한 목적이 '우리 아버지'께 있음을 뜻합니다.

빵을 받고, 생명을 받으면서도 우리는 그 목적, 우리에게 그토록 소중한 선물이 주어지는 목적을 잊곤 합니다. '우리 아버지', 그분을 아는 것, 그분을 향한 사랑, 그분과 친교를 맺고, 그분을 영원히 기뻐하는 것이 우리가 생명을 받은 이유, 우리 삶의 목적입니다. 이 궁극적인 삶을 복음서는 "풍성한 생명"(요 10:10)이라고 부릅니다.

포이어바흐와 같은 이들이 이야기하는 눈먼 철학은 이러한 생명과는 너무도 거리가 멉니다. 그들은 자신들을 따르는 이들을 그처럼 무의미한 세계로 이끌고 갑니다. 물론 '당신이 먹는 것이 바로 당신'이 되는 것이 사실입니다. 하지만 그가 '먹는 것'은 거룩하신 아버지로부터 오는 사랑의 선물입니다. 그 음식을 먹음으로써 인간은 그분의 빛과 영광과 기쁨에 참여합니다. 우리는 언제나 그분께서 주시는 것들에 의지해 살아갑니다.

오늘 우리에게

당신의 사랑 안에서
이 모든 것을 내려주소서.
그저 존재하는 데 그치지 않게 하시고,
진정 사랑함으로
충만하고 의미 있으며
거룩하고 영원한 삶을 살게 하소서.
당신께서 본래 창조하신 대로의 삶,
당신께서 우리에게 이미 주신, 언제나 내려주시는
바로 그 삶을 살아가게 하소서.
그렇게 당신을 알고, 사랑하여
당신께 감사를 올리게 하소서.

일용할 양식을 주소서.

우리가 우리에게 잘못한 사람을 용서하여 준 것 같이
우리 죄를 용서하여 주소서

06

우리가 우리에게 잘못한 사람을
용서하여 준 것 같이
우리 죄를 용서하여 주시고

우리가 우리에게 잘못한 사람을

용서하여 준 것 같이

우리 죄를 용서하여 주시고

이 간구에는 애초부터 두 가지 행동이 직접 결합되어 있다는 점에 주목해야 합니다. 여기서 주님께 우리 죄를 용서받는 일과 우리에게 잘못한 이를 우리가 용서해주는 일은 서로 이어져 있습니다. 그리스도께서는 말씀하셨습니다.

너희가 남의 잘못을 용서해주면, 너희 하늘 아버지께서도 너희를 용서해주실 것이다. 그러나 너희가 남을 용서해주

지 않으면, 너희 아버지께서도 너희의 잘못을 용서해주지 않으실 것이다. (마 6:14~15)

바로 이 연결, 이 관계에 용서의 신비, 그 풍요로운 신비가 담겨 있습니다.

하지만 여기서 '죄'sin란 무엇입니까. 둘의 관계를 살피기에 앞서 우리가 죄를 무엇으로 이해하고 있는지 살펴볼 필요가 있습니다. 현대인들에게 이는 낯선 개념이 되어버렸기 때문입니다. 현대인들도 범죄crime가 무엇인지는 압니다. '범죄'는 정한 법을 어기는 행위이며 그렇기에 범죄는 상대적입니다. 한 나라에서는 범죄인 일이 다른 나라에서는 범죄가 아닐 수 있습니다. 법이 정하지 않았어도 범죄로 간주 되는 행동도 종종 있지만, 결국 법이 없으면 범죄도 없는 셈입니다. 그리고 그 법은 사회적 요구나 합의에서 나오기 마련입니다.

그러나 사람의 양심 깊은 곳에서 일어나는 일은 범죄와 무관하며 양심의 문제를 법으로 다스릴 수도 없습니다. 누군가 이 사회의 평온한 삶을 침해하거나, 이미 자리 잡은 관습에 명백히 위배되지 않는 한, 양심의 법을 어겼다 해서 그

것을 범죄라 하지는 않으며 그러한 것을 다스릴 수 있는 법도 없습니다. 이를테면 누군가를 미워하는 마음은 행동으로 나타나기까지, 즉 직접적으로 신체에 해를 입히거나, 살인을 저지르거나, 도둑질을 하기 전까지는 범죄로 간주되지 않습니다. 게다가 법은 용서를 모릅니다. 법의 목적과 기능은 사회 질서를 수호하고 유지하는 데 있을 뿐입니다.

주의 기도에서 이야기하는 '죄'는 이 사회적 개념인 범죄와 다른 성질의 것이며 전혀 다른 층위에 있습니다. 이 점을 잘 이해해야 합니다. 범죄는 법law이라는 기반 위에서 성립되지만 죄는 양심conscience 위에서 성립됩니다. 그렇기에 양심이 결핍되고, 우리 사회에서 양심에 대한 이해가 부족해질수록 양심의 거리낌을 경험하는 일도 희귀해지고 이에 따라 죄라는 종교적 개념 역시 모호하고 피상적인 것이 되고, 용서 역시 모호하고 피상적인 개념이 됩니다.

그렇다면 양심은 무엇입니까? 양심이 드러내고 증언하는 죄란 무엇일까요? 양심이란 무엇이 옳은지 그른지를 말해주는 우리 내면의 소리가 아닙니다. 선과 악을 식별해 내는 선천적인 능력도 아닙니다. 양심은 이보다 더 깊고 신비로운 무언가입니다. 잘못을 하지도, 법을 어기지도 않았으며, 누군가에게 피해를 주지 않았음에도 양심에 거리끼는 일이 있을 수 있습니다.

흠 없는 양심이라든지, 양심에 가책을 느낀다는 표현은 양심이 지닌 신비로운 속성을 잘 보여줍니다. 도스토예프스키Fyodor Dostoevsky의『카라마조프가의 형제들』The Brothers Karamazov에서 이반 카라마조프는 자신이 실제로는 아버지를 살해하지 않았음을 알면서도 동시에 이와 관련해 자신이 죄를 지었다고 확신합니다. 양심이란 바로 이러한 깊은 확신, 분명 죄를 지었다는 확신, 죄에 자신이 연루되어 있다는 자각, 어떤 범죄나 악한 행위가 아닌 내면 깊은 곳에 자리한 악, 우리 심연에서 일어난 타락으로 인해 저 모든 범죄가 일어났다는, 그러나 어떤 법도 그 타락을 벌하는 데는 무력하다는 확신입니다. 이에 관해 도스토예프스키는『카라마조프가의 형제들』에서 조시마 장로의 입을 빌려 유명한 말을 남겼습니다.

우리 한 사람 한 사람은 이 지상의 모든 사람에 대하여, 모든 일에 대하여, 세계의 보편적 죄악뿐만 아니라 이 지상의 만인에 대하여, 각각의 개인에 대하여 분명히 죄인입니다.

이는 단순한 수사적 표현이나 과장이 아닙니다. 죄에 대한 날카로운 직관이자 양심이 전하는 진실입니다. 이는 정도의 차이가 있을 뿐 우리 모두 이런저런 법을 위반하며 살아간다는 뜻, 혹은 우리 모두가 무언가 커다란, 혹은 소소한 범죄와 관련해 유죄라는 뜻이 아닙니다. 이 말은 오히려 우리 삶의 실상을 받아들인 것에 가깝습니다. 이렇듯 양심은 우리 삶에 자리한 내적 분열, 내적 갈등, 삶과의 불화, 불신, 사랑도 하나 됨도 없는 세계와 같은 현실을 폭로합니다.

참된 생명의 법은 이 세계의 법보다 심오합니다. 그 법에 따르면 우리는 그저 잘못을 저지르지 않는다고 되는 것이 아니라 선한 일을 해야 합니다. 여기서 선한 일이란 타자를 받아들이는 일, 그리하여 타자와 하나가 되는 일입니다. 단순히 이 세계의 법을 잘 지키는 것만으로는 이 일을 이룰 수 없습니다. 법은 잘 지키지만 생지옥인 사회도 얼마든지 가능합니다. 이것이 죄의 본질입니다. 다섯 번째 간구를 통해 우리가 용서해달라고 아버지께 간구하는 죄 중의 죄도 바로 이것입니다.

하지만 이 모든 것이 죄임을 시인하며 아버지께 용서를 구하기 위해서는 우리가 이웃과 분열되어 있음을 시인해야 합니다. 이를 시인하는 행위에 이미 그 분열을 극복하기 위한 노력이 들어 있다고 할 수 있습니다. 이때 이미 용서가 시작됩니다. 용서는 신비로운 행위입니다. 용서는 다시금 선善의 통치를 받아들여 잃어버린 온전함을 회복합니다. 용서는 법적인 행위가 아닙니다. 도덕적인 행위이지요. 법에 따르면 누군가에게 해를 입힌 이는 벌을 받아야 합니다. 그렇게 될 때까지 법은 만족하지 못합니다. 하지만 도덕법인 양심은 법을 만족시키려 하지 않습니다. 다만 온전함을, 사랑을 회복시키려 할 뿐입니다. 이 세계의 어떠한 법도 저 회복에 관하여는 무력합니다. 서로가 서로를 용서하는 일에만 저 회복을 가능케 하는 능력이 있습니다. 우리가 서로를 용서하면, 거룩하신 아버지께서도 우리를 용서하십니다. 우리가 서로를 용서하고, 위에 계신 분이 우리를 용서하시는 상호 연결된 용서만이 우리 양심을 정화합니다. 그렇게 빛의 통치가 이루어집니다. 우리 존재 깊은 곳에서 찾아 헤매는 회복이 바로 그것입니다. 우리는 목마르게 그 회복을 갈망합니다.

인간에게 법과 같은 외적 질서가 반드시 필요한 것은 아닙니다. 하지만 깨끗한 양심, 이 내면의 빛이 없으면 인간은 참된 행복을 누릴 수 없습니다. 그러니 "우리가 우리에게 잘못한 사람을 용서하여 준 것 같이, 우리 죄를 용서하여 주시고"라는 간구는 우리의 도덕적 정화와 거듭남을 위한 간구라 할 수 있습니다. 이 세계에 있는 어떠한 법도 이를 이루지 못합니다.

법과 정의에 관한 말은 넘치고 이에 관한 이론들도 끝이 없지만, 용서하고 용서받는 일의 아름다움, 그 능력의 가치는 거의 완전히 상실한 시대를 우리는 살아가고 있습니다. 현대의 가장 끔찍한 비극은 바로 여기에 있습니다. 우리가 우리에게 잘못한 사람을 용서하여 준 것 같이, 우리 죄를 용서해달라는 간구가 진정 이 시대에 가장 필요한 간구, 이 시대가 다시 태어나기 위해 가장 중요한 기도인 것도 이 때문입니다.

우리를 시험에 빠지지 않게 하시고 악에서 구하소서

07

우리를 시험에 빠지지 않게 하시고
악에서 구하소서

주의 기도에서 마지막 간구는 '우리를 시험에 빠지지 않게 하시고, 악에서 구하소서'입니다(마 6:13). 이 간구는 초기부터 여러 해석과 많은 오해를 낳았습니다. "빠지지 않게 하시고"가 무슨 뜻입니까? 그분이 우리를 시험에 '빠지게'도 하신다는 뜻입니까? 우리가 시험에 빠지는 데는 그분의 책임도 있다는 뜻일까요? 거룩하신 아버지께서 우리에게 부러 고통을 보내기라도 하신다는 뜻일까요? 그분이 우리를 시험에 들게 하거나 유혹에 빠지게 하고, 의심하게도 만드신다는, 그렇게 우리 삶을 견디기 힘들게 만들기도 하신다는 이야기일까요? 많이 양보해서, 마지막에 우리를 구원하시고 무언가를 깨우쳐 주시려고 일부러 우리를 고문하시기도 한다는 뜻일까요?

더구나 '악'에서 구해달라니, 여기서 '악'은 또 무엇입니까? 어디에서 구해달라는 뜻입니까? 이 구절은 '악'evil으로 번역되지만, 그리스어 원문 '아포 투 포네루'$από\ του\ πονηρου$는 '악'뿐만 아니라 '악한 이'로도 번역이 가능합니다. 어떻게 번역되든 질문은 남습니다. 악은 어디서 비롯되는 것일까요? 정말 거룩하신 아버지께서 계신다면 어떻게 악한 자가 이기고 악이 승리하는 일이 일어날까요? 어째서 그분의 능력보다 악의 능력이, 그분보다 악이 더 선명히 보이는 것일까요? 그분이 계신다면, 그분은 왜 이 모든 일이 일어나는 것을 허락하십니까? 게다가 우리를 구원하시기로 작정하셨다는 분께서 어째서 고통을 겪으며 죽어가는 우리 주변에 있는 이들을 구해주지 않으시는 것일까요?

먼저 이는 쉽게 답할 수 없는 질문이라는 점을 인정합시다. 좀 더 정확히는, 이 질문에 답하는 것이 불가능하다는 것을요. 적어도 합리적이고 지성인이 만족할만한 이른바 '객관적인'objective 답을 찾는 것은 불가능합니다. 거룩하신 아버지께서는 전능하신데 어떻게 세상에 악이 존재하는지 그 이유를 합리적으로 설명해 보려는 데서 나온 온갖 신정론$_{theodicy}$들은 모두 설득력을 얻지 못한 채 실패했습니다. 『카라마조프가의 형제들』에서 이반 카라마조프는 동생인 알료샤와 대화를 나누는 중에 저 모든 시도에 대해 가장 강력한 반론을 펼칩니다.

대답해다오. 자, 가령 네가 궁극적으로 사람들을 행복하게 해주고 그들에게 마침내 평화와 평안을 줄 목적으로 네 손으로 인류 운명의 건물을 세우고 있다 하자. 그런데 그러기 위해서는 고작 단 하나의 그저 아주 작은 피조물, 예컨대 조그만 손으로 제 가슴을 두드리던 바로 그 어린애를 어쩔 수 없이 괴롭히지 않으면 안 되고 그 아이의 복수해주지 못한 눈물 위에 이 건물을 세워야만 한다면 이런 조건에서 너는 그 건축가가 되는데 동의할 수 있을까? … 그리고 또, 네가 짓고 있는 건물에 살게 될 사람들이 그 어린 수난자의 부당하게 흘린 피 위에 세워진 자신의 행복을 기꺼이 받아들이고, 그것을 받아들임으로써 영원히 행복을 누리게 되는데 스스로 동의하리라는 생각을 너라면 용납할 수 있겠니? … 아이의 눈물 위에 세워지는 행복이라면, 나는 그러한 행복으로 들어가는 입장권은 반납하겠어.

그렇다면 우리가 더 무슨 말을 할 수 있을까요. 모든 신정론의 시도를 무력화하는 이 반론 앞에서야, 우리는 비로소 '우리를 시험에 빠지지 않게 하시고, 악에서 구하소서'라는 마지막 간구에 담긴 능력, 그 비밀이 풀리기 시작하는 지점에 섰다고 할 수 있습니다. 먼저 '악'은 바로 시험, 혹은 유혹 temptation으로, 우리 신앙을 무너뜨리는 의심으로 우리에게 다가옵니다. 그리고 이어 어둠이, 냉소가, 무력감이 우리 영혼에서 승리를 거둡니다.

악이 지닌 경이로운 힘은 악 자체에 있지 않습니다. 오히려 '선'에 대한 우리의 믿음, 선한 힘이 악보다 강하다는 믿음을 무너뜨리는데 악의 무서운 힘이 있습니다. 시험에 빠진다는 말도 이런 뜻입니다. 합리적 논거를 써서 악을 해명하고 악을 선에 맞서는 실제적인 힘으로, 선에 대항하는 한 세력으로 적법하게 세우는 시도조차 '시험에 빠지는 것', 은밀하게 악에 항복하는 일이라 할 수 있습니다. 악에는 설명할 만한, 정당화할 만한 어떤 기반도 없습니다. 악의 기원은 그분을 향한 반역, 그분에게서 이탈하는 것, 충만한 삶을 깨는 것에 있습니다. 이것이 그리스도교가 악을 보는 관점입니다. 그리고 거룩하신 아버지께서는 악을 해명하시기보다 악에 저항하고 악을 극복할 힘을 주십니다. 다시 강조하지만, 악에 대한 승리는 악을 이해하고 해명하는 능력이 아니라 충만한 믿음, 온전한 소망, 완전한 사랑의 힘에서 나옵니다. 시험과 유혹을 극복하는 무기는 믿음과 소망과 사랑이며 유혹에 대한 바른 응답도 이것입니다. 우리는 그렇게 유혹을, 악을 이기고 승리합니다.

그리스도께서 유혹에 승리를 거두신 비결도 여기에 있습니다. 그리스도께서는 사는 동안 끊임없는 유혹을 마주하셨고, 늘 모든 형태의 악이 횡행하는 복판에서 살아가셨습니다. 그분은 영아 살해가 이루어지는 중에 태어나셨고 고립되어 온갖 배신을 당하다 끔찍한 고문을 당한 뒤 사형을 선고받고 십자가에서 죽음을 맞이하셨습니다. 어떠한 의미에서 복음서는 악의 힘과 이를 이기는 승리에 관한 이야기, 그리스도께서 온갖 유혹을 어떻게 극복하셨는지를 기록한 이야기라 할 수 있습니다.

그리스도께서는 단 한 번도 악을 해명하거나 합리화하거

나 정당화하지 않으셨습니다. 다만 계속해서 믿음과 소망과 사랑으로 악에 맞서셨을 뿐입니다. 그분은 악한 세력을 멸하시기보다는 악과 싸울 수 있는 힘이 무엇인지를 밝히 드러내셨으며 우리에게 그 힘을 주셨습니다.

    우리를 시험에 빠지지 않게 하시고,
    악에서 구하소서

이 간구를 통해 우리는 저 힘을 구하는 것입니다.

    그 밤, 그리스도께서 모두에게 버림받아 홀로 동산에서 "근심하며 괴로워"(마 26:37)하실 때, 그 모든 유혹의 힘이 그분을 둘러쌀 때, 하늘에서 천사가 내려와 그분에게 힘을 주었다고 복음서는 증언합니다.

    그 때에 천사가 하늘로부터 그에게 나타나서,
    힘을 북돋우어 드렸다. (눅 22:43)

우리를 시험에 빠지지 않게 하시고,

악에서 구하소서

우리는 이 간구를 통해 그리스도께 주셨던 그 신비로운 도움을 우리에게도 내려주시기를, 그래서 악과 고통과 유혹에도 우리의 믿음이 흔들리지 않기를, 소망이 약해지지 않기를, 사랑이 고갈되지 않기를 구합니다. 또한 우리 마음을 어둠이 장악하여 우리 마음이 악의 연료가 되어 버리지 않게 해주시기를 간구합니다. 그리스도께서 아버지를 신뢰하셨듯 우리 또한 아버지를 신뢰할 수 있다는 믿음, 그분께서 우리에게 힘을 주셔서 저 모든 유혹을 부서뜨려주시리라는 신뢰가 이 간구에 담겨 있습니다.

또한 우리는 악한 자들로부터 우리를 구해 달라고 아버지께 간구합니다. 또다시 이 간구는 '악한 자'가 무엇인지를 설명하기보다, 악한 자의 실체를 드러냅니다. 악의 인격적인 속성, 악을 실어나르는 것이 어떤 초월적 존재가 아닌 사람이라는 점이 드러나는 것입니다.

'증오'라는 견고한 실체는 따로 있지 않습니다. 누군가를

'증오하는 사람'이 있을 뿐입니다. 증오가 지닌 경이로운 힘은 그렇게 한 사람을 통해 그 모습을 드러냅니다. 마찬가지로 고통이라는 실재는 따로 있는 것이 아니라 '고통받는 사람'이 있을 뿐입니다. 세상에 있는 모든 것은 한 인격체를 통해 드러납니다. 그렇기에 우리는 주의 기도를 통해 무언가 비인격적인 악한 힘이 아닌, '악한 자'로부터 우리를 구해주시기를 간구합니다. 악은 악한 사람에게서 나오며 이는 역설적으로 악을 동력 삼아 살아가는, 선에 기대는 대신 끔찍한 악에 기대어 살아가는 이들이 있다는 뜻입니다. 이는 어쩌면 '악'에 대한 하나의 설명일지 모릅니다. 이 세계에 퍼져 있는 악은, 어떤 비인격적인 힘이기보다는 한 사람 한 사람의 선택, 책임, 결단이 낳은 비극이니까요.

그러므로 악을 이기는 것은 어떤 추상적인 이론이나 협약이 아니라 인간입니다. 우리 한 사람 한 사람이 악을 선으로 이길 때야 선은 승리합니다. 우리가 먼저 우리 자신을 위해 기도하는 이유, 매 순간 다가오는 유혹 혹은 시험을 이겨야 하는 이유, 침울한 악 대신 믿음과 소망과 사랑을 택해야 하는 이유도 여기에 있습니다.

이제 일상을 이루는 새로운 질서가 수립되었습니다. 새로운 승리의 가능성이 나타났습니다. 그렇게 이 기도는 새로운 질서, 새로운 승리를 예고합니다.

우리를 시험에 빠지지 않게 하시고,

악에서 구하소서.

나라와 권세와 영광이 영원히 아버지의 것입니다

08

나라와 권세와 영광이
영원히 아버지의 것입니다

이제 마지막 구절에 관한 이야기로 주의 기도에 관한 이 짧고 부족한 대화를 갈무리하려 합니다. 지금까지 우리는 이 기도를 이루는 각 단어, 각 간구 이면에 있는 영적 실재들, 소란한 일상 속에서 흐릿해지고 자주 우리의 관심을 비껴가는 영적인 연결고리들을 살펴보았습니다. 이러한 관점에서 주의 기도, '우리 아버지'라는 간구로 시작되는 이 말들은 기도이상의 기도, 우리가 본래 창조된 이유, 영적 세계를 밝히 드러내는 하나의 계시라 할 수 있습니다. 주의 기도는 가장 높은 것을 가장 높은 자리에 두어 가치의 위계질서를 세움으로써 우리 삶의 다른 모든 것도 제자리를 찾게 해줍니다. 주의 기도를 이루는 각 간구는 우리의 의식의 전체 층위를, 우리 자신의 전체 모습을 드러냅니다.

> 하늘에 계신 우리 아버지,
> 아버지의 이름을 거룩하게 하시며

이는 우리의 전 생애가 가장 높고도 거룩하며 절대적인 것에 잇대어 있으며 그 속에서만 우리 삶의 의미를, 우리 삶의 희망을, 그리고 우리 삶이 나아가야 할 방향을 발견할 수 있음을 뜻합니다.

> 아버지의 나라가 오게 하시며

이는 우리의 삶이 아버지 나라의 선함, 사랑, 기쁨으로 채워질 운명으로 창조되었음을 뜻합니다. 우리 삶에는 그분의 나라가 지닌 권능이 스며들어야 하며, 그 빛이 비쳐야 합니다. 아버지께서 그 길을 우리에게 열어주셨으며 또한 우리를 그 길로 인도하십니다.

아버지의 뜻이 하늘에서와 같이

땅에서도 이루어지게 하소서.

이는 아버지의 뜻으로 우리 삶을 측정하고 평가해 달라는 간구입니다. 이 간구를 통해 아버지의 뜻 안에서 변치 않는 도덕법을 발견하게 해주시기를, 그 법 앞에서 우리의 자유의지, 자기애, 우리의 열정과 어리석음은 겸손히 고개 숙이게 하시기를 기도합니다.

오늘 우리에게 일용할 양식을 주시고

이는 우리의 온 생애를, 모든 기쁨과 모든 슬픔을, 모든 즐거움과 모든 고통까지를 아버지께서 베푸시는 선물로 받게 해주시기를, 감사와 경이로 그 선물을 받게 해주시기를 기도하는 것입니다. 또한 이를 통해 우리는 우리에게 참된 만족을 주는 본질적이고 가장 고귀한 것에 잇대어 살아가기를, 삶이라는 너무나도 소중한 선물을 낭비하지 않기를, 사라질 것들을 바라며 살지 않기를 간구합니다.

우리에게 잘못한 이를 용서해 준 것 같이,
　　우리를 용서해주시고

이는 언제나 용서의 영으로 우리를 채워주시기를 구하는 것
입니다. 우리는 우리의 온 존재가 사랑 위에 세워지기를 갈
망하며 우리의 모든 실패, 우리가 진 빚, 지은 모든 죄가 아버
지께서 비추시는 용서의 빛으로 덮이기를 기도합니다.

　　우리를 유혹에 빠지지 말게 하시고,
　　악에서 구하옵소서.

이를 통해 우리는 거룩하신 아버지의 신비롭고 찬란한 뜻에
우리 자신을 내어 드리니, 부디 이런 우리를 도우셔서 모든
유혹을 이기게 해주시기를 간청합니다. 모든 유혹 중에 가장
강력한 유혹은 이 세계에서, 우리 삶에서 우리와 함께하시는
아버지를 보지 못하게 하는 유혹입니다. 그렇기에 우리는 우
리를 눈멀게 하는 그 유혹, 우리 눈을 가리는 유혹에서 지켜
달라고, 거룩하신 아버지께서 주시는 생명을 앗아가는 악에
빠지게 우리를 내버려 두지 말아 달라고, 악한 매력, 악한 힘
을 좇지 않으며 우리 안에 있는 악을 감추지 않게 해달라고

간구합니다. 빛나는 천사의 모습을 한 악, 선을 가장한 악(악은 언제나 꾸미는 일에 능하니까요) 뒤로, 모호하게 선을 왜곡하여 악 뒤로 숨지 않게 해달라고 기도합니다.

　　나라와 권세와 영광이 영원히 아버지의 것입니다.

주의 기도는 이렇게 마무리됩니다. 이 엄숙한 찬미와 함께 주의 기도는 왕좌에 오릅니다. 여기에는 그리스도교 신앙의 세 가지 주요 상징, 세 가지 주요 단어, 세 가지 성경에 바탕을 둔 의미가 등장합니다. 먼저 등장하는 것은 "나라"The kingdom입니다. 복음서는 말합니다.

　　회개하여라. 하늘나라가 가까이 왔다. (마 4:17)

　　아버지의 나라는 눈으로 볼 수 있는 모습으로 오지 않는다. 또 '보아라, 여기에 있다' 또는 '저기에 있다' 하고 말할 수도 없다. 보아라, 아버지의 나라는 너희 가운데 있다.

　　　　　　　　　　　　　　　　　　　　　　　(눅 17:20~21)

또한 주님은 그분이 가르친 기도를 통해 말씀하십니다.

아버지의 나라가 오게 하시며

아버지의 나라가 가까이 왔고, 이미 우리 가운데 있으며, 오게 해달라니요. 어떻게 그럴 수 있을까요? 아버지의 나라는 예수 그리스도의 삶, 그분의 말씀, 그분의 가르침, 그분의 죽음 그리고 마침내 그분의 부활을 통해 임합니다. 즉 빛과 권능으로 가득한 그리스도의 삶, 저 높은 곳으로 우리를 이끌어 가는 그분의 말씀, 우리의 모든 물음에 답이 되시는 그분의 가르침, 그리고 마침내 모든 것이 새롭게 시작되는 삶, 우리를 새롭게 하시는 그 생명이 곧 아버지의 나라입니다. 그 나라가 이미 왔으며 또한 올 것입니다. 우리는 바로 그 아버지의 나라를 간구합니다.

'아버지의 나라'는 추상적인 무언가나 사후 세계, 또 죽음 이후에 일어날 어떤 일을 뜻하지 않습니다. '아버지의 나라'는 무엇보다 그분을 믿고 사랑하는 이들에게 그리스도께서 선포하시고 약속하시고 주신 그것이며, 이를 우리는 아버지의 나라, 하늘나라라 부릅니다. 이보다 더 좋고, 아름다운 것도, 이보다 더 찬란하고 기쁜 세계도 없기 때문입니다. 아버지의 나라는 그분께서 당신의 백성에게 주신 가장 좋은 약속입니다. "나라와…"에는 이런 뜻이 담겨 있습니다.

그다음에 등장하는 말은 "권세"입니다. 이 단어와 함께 우리는 한 걸음 더 나아갑니다. 십자가에서 홀로 죽어간 사람, 자기 자신도 지켜내지 못한 사람, "머리 둘 곳이" 없었던(마 8:20) 이에게 무슨 '권세'가 있다는 말입니까? 하지만 이 땅에서 가장 강한 권세를 누렸던 누군가와 이 사람을 비교해 봅시다. 아무리 탁월한 능력으로, 아무리 강한 권력으로 무수한 이들을 자기 아래 두었던 이라도 그 모든 것이 먼지가 되고, 아무것도 남지 않는 때를 맞이했습니다. 그러나 이 "약하고", "무력한" 한 사람을 누구도 완전히 사라지게 하지 못했습니다. 어떠한 권세도 이 한 인간에 대한 기억을 인류에게서 지우지 못했습니다. 인류는 그를 잊었다가도 다시금 그에게 돌아가기를 반복했습니다. 다른 말들, 다른 약속에 매혹되다가도 머잖아 이 작고 단순한 책으로, 그 안에 적혀 있는 말들로 돌아왔습니다. 그 책에는 빛을 발하고 계신 주님이 계십니다. 그분이 말씀하십니다.

나는 이 세상을 심판하러 왔다. 못 보는 사람은 보게 하고,
보는 사람은 못 보게 하려는 것이다. (요 9:39)

또 말씀하십니다.

> 이제 너희에게 새 계명을 준다. 서로 사랑하여라. (요 16:33)

그리고 마침내 그분은 말씀하십니다.

> 내가 세상을 이겼다. (요 16:33)

이 선언이 우리가 "나라와 권세" 그리고 마침내 "영광"이 당신에게, 그리고 아버지께 있다고 고백하는 이유입니다.

하지만 이 세상에서 우리가 경험하는 영광이란 얼마나 덧없고 깨지기 쉬운 몽상에 불과한지 모릅니다. 그리스도는 이 세상에서 그런 영광을 추구하지 않으셨습니다. 불멸하는 영광은 어느 곳에서든 불길을 일으키신, 선함의 영광, 믿음의 영광, 소망의 영광을 타오르게 하신 그분께만 있습니다. 그분은 그토록 갑작스레 '빛을 품은 자'로 오셔서, 이 세상이 알지 못했던 빛을 비추셨습니다. 그렇기에 그분의 삶, 죽음, 부활을 바라보며 우리는 어느 시인의 외침을 떠올리게 됩니다.

그는 영광스러운 빛으로,

세계가 창조된 최초의 날,

그날의 아름다움으로 말하는도다.

우리는 지성이 아니라 온 존재로 이를 이해합니다. 소란스럽고 불화하는 이 세계에서 우리는 목마르게 이를 찾고, 열정적으로 구합니다. 저 빛과 함께 타오르기를, 온 세계가 저 천상의 아름다움으로 찬란히 빛나기를, 만물이 저 거룩한 영광으로 채워지기를 갈망합니다.

나라와 권세와 영광이 영원히 아버지의 것입니다.

그렇기에 주의 기도는 이렇게 마무리됩니다. 이 기도를 기억하는 한, 이 기도를 말하고 또 말하는 한 우리의 삶은 언제까지나 그분의 나라를 향해 열릴 것이고, 그분의 권능으로 채워질 것이며, 그분의 영광으로 빛날 것입니다. 그렇게 우리는 어둠과 증오에 맞서게 될 테고, 악은 그 힘을 잃을 것입니다.

알렉산더 슈메만에 관하여

앤드루 라우스[*]

|

'전례(예전) 신학(예배 신학)'Liturgical theology은 비교적 새로운 개념이다. 이 '전례 신학'이라는 개념은 알렉산더 슈메만이

---

[*] 앤드루 라우스는 영국 출신 정교회 사제이자 신학자다. 1944년 영국에서 태어나 케임브리지 대학교, 에든버러 대학교에서 신학을 공부하고 1970년부터 1985년까지 옥스퍼드 대학교 우스터 칼리지 특별 연구원과 옥스퍼드 대학의 교부학 강의교수를 지냈고 1985년부터 1995년까지 런던 대학 골드스미스 칼리지 문화사 교수로 있다가 1996년부터 현재까지 더럼 대학 교부신학 및 비잔틴 문화학 명예 교수로 재직 중이다. 영국 학술원 회원이자 옥스퍼드 초기 그리스도교 연구 시리즈의 편집인이며 초기 그리스도교 저술, 에우세비우스의 교회사를 영어로 번역했다. 주요 저작으로 『신비를 식별하기』Discerning the Mystery, 『서양 신비사상의 기원』The origins of the Christian mystical tradition(분도출판사) 등이 있다.

라는 한 사람과 밀접하게 연관되어 있다는 데에 많은 학자가 동의한다. 그리스도교 역사에서 행해온 전례적 의례들, 그리고 전례에서 쓰이는 본문들에 관한 연구를 뜻하는 전례학liturgiology, 예배학과 달리 전례 신학은 전례에서 야기된 신학, 교회에서 이루어지는 전례적 예배에 내포된 신학, 무엇보다도 성찬에 함축되어 있으면서 성무일도*, 성사(성례전)적 의례들sacramental rites, 교회력까지 뻗어나가는 신학을 탐구하는 것을 뜻한다. 이러한 맥락에서 '전례 신학'의 표어는 '렉스 오란디 렉스 크레덴디lex orandi lex credendi(기도의 법이 믿음의 법이다)'라고, 좀 더 적절하게는 아키텐의 프로스페르Prosper of Aquitaine가 이야기한 '레겜 크레덴디 렉스 스타수아트 수플리칸디legem credendi lex statuat supplicandi(기도의 규칙은 신앙의 규칙을 세운다)'라고 할 수 있다.

오늘날 신학을 하는 이들은 이러한 탐구가 얼마나 새로운 접근인지 가늠하기 힘들다. 제2차 바티칸 공의회 전까지 로

---

* 매일 정해진 시간에 하느님을 찬미하는 교회의 공적이고 공통적인 기도. 초대 교회는 그리스도교 공동체가 함께 기도했다는 사실을 증거하고 있다. 그다음 여러 지방에서는 공동기도를 위해 특별한 시간을 배정하는 관습이 발전하였다. 시간이 흐름에 따라 교부들은 다른 시간들도 공동기도로써 거룩히 지내기 시작하였다. 공동으로 바친 이 기도는 점차 일정한 시간의 주기로서 좀 더 확실한 형태를 취해 시간경 혹은 성무일도가 되었다.

마 가톨릭 교회에서 전례는 신학의 특정 분과가 아니었다. 그전까지 전례 연구는 도덕 신학moral theology, 교회법canon law 이나 교회사에 (전례 역사 연구로) 속해 있었다. 정교회라고 해서 크게 다르지는 않았다. 여기서도 전례 연구는 주로 전례와 관련된 본문들을 연구하는 것을 뜻했다. 물론 알렉산더 슈메만을 가르친 선생 중 한 사람에게서 우리는 전례 신학의 맹아를 볼 수 있는데 세르게이 불가코프Sergei Bulgakov*는 자신의 신학 사상을 전개하며 전례 본문과 전례적 실천들을 그 발판으로 삼은 바 있다. 그러나 많은 학자는 불가코프 신학의 또 다른 특성, 즉 지혜를 중시하는 사변에 주목했을 뿐 그의 신학과 전례와의 연관성에는 별다른 주목을 하지 않았다.

---

* 세르게이 불가코프(1871~1944)는 러시아 출신 정교회 사제이자 신학자, 철학자, 경제학자다. 러시아 리브니에서 오래된 정교회 사제 가문에서 태어나 1894년 모스크바 대학교에서 법학을 공부하고 정치경제학에 대해서도 깊은 관심을 가졌다. 마르크스주의에 전도되어 한동안 마르크스주의 지식인으로 활동했으나 톨스토이, 도스토예프스키 등의 영향으로 다시 그리스도교 신앙을 갖게 되었고 1918년 사제 서품을 받았다. 1922년 소비에트 정부에 의해 추방되어 프라하를 거쳐 1925년 프랑스에 정착해 성 세르기오스 신학교에서 교의학을 가르쳤다. 지혜에 대한 사변을 중심으로 한 그의 신학 사상은 당대 정교회 안에서 커다란 논란을 낳았으나 이후 신학, 경제학, 철학을 아우르는 그의 저작들이 영미권에 소개되면서 현대 정교회 신학자 중 가장 중요한 신학자로 재평가되고 있다. 대표적인 저작으로 『하느님의 어린 양』The Lamb of God, 『소피아, 하느님의 지혜』Sophia, the Wisdom of God 등이 있다.

전례 연구에서 전례 신학으로의 전환은 슈메만 홀로 이룬 것은 아니다. 이러한 전환은 지난 세기 서방 로마 가톨릭 교회에서 교부들에게로 돌아가려는 운동의 일부라 할 수 있다. 이른바 '신-교부적 종합'neo-patristic synthesis을 주도한 동방 신학자 게오르기 플로롭스키Georges Florovsky[*], 블라디미르 로스키Vladimir Lossky[**], 로 보로댕Lot-Borodine은 오늘날 '원천으로 돌아

---

[*] 게오르기 플로롭스키(1893~1979)는 러시아 출신 정교회 사제이자 신학자, 역사가이다. 당시 러시아 제국(오늘날에는 우크라이나) 오데사에서 정교회 사제의 자식으로 태어나 노보로시스크 대학교에서 역사를 공부하고 프라하에서 석사 학위를 받은 뒤 1925년 파리에 있는 성 세르기오스 신학교에서 윤리학을 가르쳤다. 1932년에는 정교회 사제로 서품받았으며 1949년에는 미국으로 이주해 성 블라디미르 신학교의 교수가 되었고 후에는 학장으로 활동했다. 정교회 신학자로서 권위를 인정받아 블라디미르 신학교 외에도 유니온 신학교, 콜롬비아 대학교, 하버드 대학교, 프린스턴 대학교에서 정교회 신학과 교부학을 가르쳤으며 정교회 사제로서 교회일치운동과 사목 활동에도 힘썼다. 전문적인 신학 교육을 받지 않았음에도 불구하고 교부 연구와 정교회 신학 연구에 탁월한 업적을 남긴 이로 평가받는다. 주요 저작으로 『교회의 보편성』The Catholicity of the Church, 『교회와 전통에 관하여』On Church and Tradition, 『경전과 전통』Scripture and Tradition 등이 있으며 한국에는 『러시아 신학의 여정 1,2』(지식을 만드는 지식)이 역간된 바 있다.

[**] 블라디미르 로스키(1903~1958)는 러시아 출신 평신도 신학자다. 상트페테르부르크 대학교에서 공부했다. 1922년 소비에트 정부가 지식인들을 러시아에서 추방하자 프랑스에 정착해 성 세르기우스 신학교에서 신학을 가르쳤다. 현대 서방 세계에 동방 정교회 사상을 소개하는데 크게 기여한 이로 평가받는다. 생애 후반에는 마이스터 에크하르트에 관한 연구에 전념했다. 『정교신학 개론』(지식을 만드는 지식), 『동방교회의 신비신학』(정교회 출판사)이 역간되었다.

가기'ressourcement라고 불리는 운동에 속한 로마 가톨릭 신학

자들(앙리 드 뤼박Henri de Lubac*, 장 다니엘루Jean Danielou**, 한스 우

* 앙리 드 뤼박(1896~1991)은 프랑스 출신 예수회 수사이자 로마 가톨릭
사제, 신학자다. 프랑스 북부 캉브레에서 태어나 1913년 예수회에 입
문했다. 프랑스군으로 1차 세계대전에 참전하였으나 큰 부상을 입고
제대했다. 이후 잉글랜드와 채널 제도, 프랑스에서 공부했고, 모리스
블롱델 등과 교류하며 큰 영향을 받았다. 1927년 사제품을 받고 1929
년부터 리옹 가톨릭대학교에서 가르쳤다. 그는 신스콜라주의의 사변
적 접근을 비판했으며, 초대교회의 고전적인 영성 전통으로 돌아갈
것을 촉구했다. 1958년 프랑스 학술원 회원으로 추대되었으며, 1960
년 교황 요한 23세에 의해 제2차 바티칸 공의회의 준비 위원과 자문위
원으로 활동했다. 트리엔트 공의회 이후 상당 부분 경시된 고대 교회
의 풍요로운 영성 전통에 교회가 다시 주목하게 된 것은 드 뤼박의 공
헌이다. 그는 또한 교부 시대와 중세 문헌의 프랑스어 대역본인 '그리
스도교 원전'Sources Chrétiennes 사업의 창시자 가운데 한 명이기도 하다.
대표적인 저작으로 『가톨릭주의』Catholicisme, 『초자연적인 것』Surnaturel:
Études historiques 등이 있으며, 『그리스도교 신비사상과 인간』(수원가톨릭
대출판부), 『떼이야르 드 샤르댕의 종교 사상』(대구가톨릭대학교출판부)이
역간된 바 있다.

** 장 다니엘루(1905~1974)는 프랑스 출신 예수회 수사이자 로마 가톨릭
사제, 신학자, 역사가다. 프랑스 파리 북서부에 있는 뇌이쉬르센에
서 태어나 1929년 예수회에 입회하고 1938년 사제서품을 받았다. 제
2차 세계대전에는 프랑스군으로 참전하고 돌아와 파리 가톨릭 대학
교에서 신학 박사 학위를, 소르본 대학교에서 문학 박사 학위를 받았
다. 1943년부터 파리 가톨릭 대학교에서 교부 신학 교수로 활동하며
초기 교회사를 연구 강의했고 1944년에는 예수회 동료, 특히 앙리 드
뤼박과 공동으로 '그리스도교 원전' 사업을 창시했다. 제2차 바티칸
공의회에는 공식 신학자로 참석해 공의회 문헌 집필에 참여했으며
1969년 교황 바오로 6세에 의해 추기경으로 서임되었다. 대표적인
저작으로 총 3권으로 이루어진 『니케아 이전의 그리스도교 교리사』

르스 폰 발타사르Hans Urs von Balthasar[*], 루이 부이에Louis Bouyer[**], 알로

Histoire des doctrines chrétiennes avant Nicée, 『초대교회』L'Église des premiers temps 등
이 있으며 한국에는 『성경과 전례』(아름다운)이 역간된 바 있다.

[*] 한스 우르스 폰 발타사르(1905~1988)는 스위스 출신 로마 가톨릭 사제,
신학자다. 스위스 루체른에서 태어나 빈, 베를린, 취리히에서 독문학
을 전공했고 1928년 독문학으로 박사 학위를 받았다. 이후 예수회에
입회에 독일 플라흐에서 철학을, 프랑스 푸르비에르에서 신학을 전공
했다. 1936년에는 사제 서품을 받았으며 1945년 여성 신비가 스페이
어와 함께 '요한 공동체'라는 재속회를 설립하고 이를 이끌었다. 국제
가톨릭 잡지 「코뮤니오」Communio를 창간하고 수많은 신학 저술을 발
표했으나 교수직을 맡지 않았기에 별다른 주목을 받지 못하다 1984
년 교황청 국제신학위원회가 수여한 '바오로 6세상'을 받은 후부터 세
상에 널리 알려지게 되었으며 오늘날에는 20세기를 대표하는 대표적
인 가톨릭 신학자 중 한 사람으로 평가받고 있다. 주요 저작으로 15권
으로 이루어진 신학적 미학 3부작(1부 '영광'Herrlichkeit(전 7권), 2부 '하느님
의 드라마'Theodramatik(전 5권), 3부 '하느님의 논리'Theologik(전 3권))이 있으며
한국에는 『발타사르의 지옥 이야기』(바오로딸), 『발타사르의 구원 이야
기』(바오로딸)가 역간된 바 있다.

[**] 루이 부이에(1913~2004)는 프랑스 출신 로마 가톨릭 사제이자 신학
자다. 파리에서 태어나 스트라스부르 대학교에서 신학을 공부하고
1936년 루터교 목회자로 안수를 받아 파리에 있는 교회에서 목회 활
동을 하다 1939년 가톨릭 교회로 옮기고 오라토리오회에 입회한 뒤
1944년 사제 서품을 받았다. 1950년 박사 학위를 받은 뒤 파리 가톨
릭 대학교 교수로 임용되어 이후 1962년까지 그곳에서 그리스도교
영성을 가르쳤다. 제2차 바티칸 공의회에서는 고문으로 임명되어 활
동했고 공의회가 끝난 뒤에도 전례 개혁을 위한 위원회 고문으로 활
동했다. 1960년대 이후에는 미국으로 가 노틀담 대학교, 워싱턴의 가
톨릭 대학교, 샌프란시스코의 가톨릭 대학교 등에서 영성신학을 가
르쳤다. 그리스도교 영성, 교의신학, 전례 신학 등 다양한 분야에서
수많은 저작을 남겼으며 교회일치운동에도 적극적으로 참여했다.
주요 저작으로 『교회에서 개신교주의에 대하여』Du protestantisme l'glise,

이스 그릴마이어Alois Grillmeier* 등)의 작업에 친근함을 느꼈음은 물론 상당 부분 빚을 졌다. 마찬가지로 슈메만의 전례 신학은 제2차 바티칸 공의회에서 절정에 이른 서방 교회의 전례 운동에 커다란 빚을 지고 있다. 더 나아가 영국에서는 『성사로서의 세계』The World as Sacrament라는 제목으로 출간된 책(미국에서는 『세계의 생명을 위하여』For the Life of the World라는 제목을 달고 출간되었다)의 서문에서 슈메만은 전례 운동과 연관된 학자들(오도 카젤Odo Casel**, 랑베르 보뒤엥Lambert Beauduin[11], J. A. 융만J. A.

『성경과 복음』La Bible et l'vangile 등이 있으며 한국에는 『영성 생활 입문』(가톨릭 출판사)이 역간된 바 있다.

* 알로이스 그릴마이어(1910~1998)는 독일 출신 로마 가톨릭 사제, 예수회 수사, 신학자다. 독일 바이에른에서 태어나 1929년 예수회에 입회하고 1937년 사제 서품을 받았다. 로마에서 공부하고 프라이부르크 대학교에서 박사 학위를 받았다. 이후 프랑크푸르트에 있는 상트 기르겐 철학, 신학 대학원의 교수가 되어 교의학을 가르쳤다. 제2차 바티칸 공의회에 공식 신학자로 참석, 공의회 문헌 집필에 참여해 이름을 그리스도교 신학계에 널리 알렸다. 주요 저작으로 총 2권으로 이루어진 『그리스도교 전통에서의 그리스도』Christ in Christian Tradition가 있다.

** 오도 카젤(1886~1948)은 로마 가톨릭 사제이자 베네딕도회 수사, 전례학자다. 독일 코블렌츠-뤼첼에서 태어나 1905년 베네딕도회에 입회하고 1911년 사제 서품을 받고 1912년 로마 성 안셀무스 대학교에서 박사 학위를 받았다. 그리스도교의 진정한 가르침을 전통의 원전에서 찾아 충실히 해석함으로써 전례에 그 본연의 원리를 부여하고자 노력했으며 그 연구 결과를 본인이 20년간 책임자로 일한 『전례학 연보』Jahrbuch fr Liturgiewissenschaft를 통해 발표했다. 1909년부터 본격적으로 시작되어 제2차 바티칸 공의회에서 결실을 본 가톨릭 전례 운동의 신

Jungmann**, 루이 부이에, 로마노 과르디니Romano Guardini***, H.A.라인

학적 근거를 제시한 학자로 평가받는다. 주요 저작으로 『신비의 그리
스도교 예배』Das christliche Kultmysterium, 『신앙, 영지 그리고 신비』Glaube
Gnosis und Mysterium 등이 있다.

* 랑베르 보뒤엥(1873~1960)은 벨기에 출신 로마 가톨릭 사제이자 베네
딕도회 수사, 전례학자다. 벨기에 와람메에서 태어나 신학교에서 공
부하고 사제 서품을 받았다. 1906년 베네딕도회에 입회했고 본격적
으로 전례문들을 연구해 1909년 벨기에 말린에서 개최된 가톨릭 회의
에서 전례 쇄신 프로그램을 제시했다. 이 프로그램에는 『미사경본』을
자국어로 번역하고 신자들의 주요 기도서로 배포하는 것, 미사와 성
무일도의 중요성에 대한 강조, 미사시 해당 지역 언어 사용, 그레고리
오 성가와 성가대의 영적, 전례적 기능을 장려 등이 포함되어 있었다.
이후 많은 신학자가 보뒤엥의 프로그램에 공감했고 이는 제2차 바티
칸 공의회에 반영되었다. 주요 저작으로 『교회의 신심』La Piété de l'Eglise
이 있다.

** J.A.융만(1889~1975)은 오스트리아 출신 로마 가톨릭 사제이자 예수회
수사, 전례학자다. 뮌헨, 빈 등에서 공부했으며 1913년 사제 서품을
받고 1917년 예수회에 입회하여 1923년 인스브루크 신학교에서 신학
박사 학위를 받은 뒤 1925년부터 인스브루크 신학교에서 교리 교육
및 전례학을 가르쳤다. 19세기 말, 20세기 초부터 개진된 전례 쇄신
운동의 중요한 옹호자이자 이론가였으며 전례 역사 연구 분야에 탁
월한 업적을 남겼다. 주요 저작으로 『성찬례』Die Eucharistie, 『전례 쇄신,
검토 및 전망』Liturgische Erneuerung, Rückblick und Ausblick 등이 있다.

*** 로마노 과르디니(1885~1968)는 이탈리아 출신 로마 가톨릭 사제이자
신학자, 종교철학자다. 이탈리아 북부 베로나에서 태어났으나 이듬
해 아버지의 사업 문제로 독일로 이주해 살게 되었다. 이후 프라이
부르크 대학교와 튀빙겐 대학교에서 신학을 공부하고 1910년 사제
서품을 받았으며 1912년 프라이부르크 대학교에서 박사 학위를 받
았다. 1922년에는 본 대학교에서 교수 자격을 얻고 동 대학교에서
교의학을 가르쳤다. 이후 개신교 성향이 강한 베를린 대학교에서 가
톨릭 신앙을 강의했는데 학생들의 열광 어린 반응을 낳아 강연자로

홀트H. A. Reinhold[*])의 이름을 언급했는데(누군가는 여기에 그레고리 딕스Gregory Dix[**]를 추가할지도 모르겠다) 이들의 저작과 활동은 단순히 로마 가톨릭 교회 전례를 갱신하는 것 이상을 의도했다. 그들은 모두 그리스도교 공통의 신학적, 영적 관점을 확립하고, 참된 공교회적 언어를 회복하는 데 관심을 기

서의 명성을 떨침과 동시에 이 강의 원고들을 책으로 출간해 학자로서의 명성 역시 높아졌다. 생애 후반부에는 현대문명에 대한 비판적인 성찰을 담은 저작들을 펴내 종교철학자, 문명비판가로서 높은 평가를 받았다. 주요 저작으로『전례의 정신』Vom Geist der Liturgie,『주님』Der Herr,『주님의 교회』Die Kirche des Herrn 등이 있다. 한국에는『거룩한 표징』(분도출판사),『삶과 나이』(문학과지성사),『우울한 마음의 의미』(가톨릭대학교출판부) 등이 역간된 바 있다.

[*] H.A.라인홀트(1897~1968)는 독일 출신 로마 가톨릭 사제이자 신학자, 전례학자다. 독일 함부르크에서 태어나 프라이부르크 대학교에서 인스부르크 대학교에서 공부한 뒤 1925년 사제 서품을 받았다. 이후 가톨릭 선원 선교회에서 사목활동을 하고 1935년 미국으로 가 도로시 데이와 함께 가톨릭 노동자 운동을 벌임과 동시에 포츠머스에 있는 베네딕도회 학교에서 신학을 가르쳤다. 가톨릭 교회의 사회 참여, 전례와 관련해 수많은 책을 남겼으며 영미권에서 전례 운동이 펼쳐지는 데 커다란 기여를 했다. 주요 저작으로『전례의 역동성』The dynamics of liturgy,『전례와 예술』Liturgy and art 등이 있다.

[**] 그레고리 딕스(1901~1952)는 영국의 성공회 사제이자 신학자, 수도사다. 런던에서 태어나 옥스퍼드 머튼 칼리지에서 공부했으며 1925년 사제 서품을 받고 1940년 성공회 베네딕도회 수도사로 수도 서원을 한 뒤 세상을 떠날 때까지 수도 생활을 했다. 신학자로서는 20세기 전례학 연구에 매우 중요한 공헌을 남긴 이, 성공회 전례 개혁에 커다란 영향을 미친 이로 평가받으며 특히 1945년 작『전례의 형성』The Shape of the Liturgy은 현대판 고전으로 꼽힌다.

울렸다. 이러한 노력 없이는 어떠한 교파 간 만남도, 교회일치를 위한 어떠한 대화도 가능할 수 없다고 생각했기 때문이다. 이들의 작업은 서방, 동방 교회의 전례와 영적 유산과 그 특징을 이해하는 데 커다란 기여를 했다. 그러므로 위에서 언급한 이들 중 몇몇이 교회일치운동, 특히 정교회와 로마 가톨릭의 관계를 개선하는 데 노력을 기울였다는 사실은 그리 놀랍지 않다. 그리고 이들 중 몇몇 학자들은 제2차 바티칸 공의회에 신학자문위원periti로 참여했고 슈메만 또한 정교회를 대표해 참관인observer으로 참여했다. 결국 슈메만은 20세기에 전례에 대한 인식을 변화시키고 제2차 바티칸 공의회의 전례 개혁이라는 열매를 맺은 운동의 적자 중 한 사람이라 할 수 있다. 그리고 그만큼이나 그의 사상은 이후 정교회 세계뿐만 아니라 그리스도교계 전체(특히 미국)에 거대한 영향을 미쳤다.

‖

　알렉산더 슈메만은 1921년 9월 13일 에스토니아의 수도 탈린에서 러시아 귀족 이민자(그의 아버지는 러시아 황실 근위대에서 일했다)의 아들로 태어났다.[1] 일곱 살 때 그의 가족은 파리로 다시 이주했다. 파리에서는 다뤼가에 있는 성 알렉산드르 넵스키 정교회 성당에 다녔는데 그곳에서 복사*로 봉사했다. 1939년 슈메만은 성 세르지오 정교회 신학교에 들어갔다. 그곳에서 그는 세르게이 불가코프에게 가르침을 받았는데 이후 일평생 불가코프를 존경했지만, 지혜를 중시하는 그의 신학적 사변에는 동의하지 않았다. 반면 성찬에 바탕을 둔 교회론을 주장한 니콜라이 아파나시에프Nikolai Afanasiev** 는 슈메만에게 커다란 영향을 미쳤으며 교회사가 A.V. 카르

---

1 그의 삶에 관해서는 다음을 참조하라. 피터 스코어러Peter Scorer가 쓴 슈메만 부고, *Sobornost/ECR* 6:2 (1984), 64~68. 그리고 존 메이엔도르프 John Meyendorff가 쓴 후기, *The Journals of Father Alexander Schmemann, 1973-1983* (Crestwood, NY: St Vladimir's Seminary Press, 2000), 343~351. William C. Mills, *Church, World, Kingdom: The Eucharistic Foundations of Alexander Schmemman's Pastoral Theology* (Chicago-Mundelein, IL: Hillenbrand, 2012), 23~36.

* 미사, 성체강복식, 혼인성사, 성체성사 등을 거행할 때 집전하는 사제를 도와 의식이 원활하게 진행될 수 있도록 보조하는 사람이다.

** 니콜라이 아파나시에프(1893-1966)는 러시아 출신 정교회 사제이자 신학자다. 오늘날 우크라이나의 오데사에서 태어나 러시아 내전 중에 백군에서 포병대로 복무한 뒤 베오그라드 대학교에서 교회사를 공부하고 1927년 박사 학위를 받았다. 1930년부터는 파리로 이주해 성 세르기오스 신학교에서 교회사와 교회법을 가르쳤다. 1940년에는 사제 서품을 받았다. 로마 가톨릭과의 대화, 교회일치운동에 적극적으로 참여했으며 성찬례, 성찬에 바탕을 둔 신학을 강조하고 그 가치를 회복하는데 기여한 학자로 평가받는다.

타셰프A. V. Kartashev*는 그가 교회사에 관심을 갖도록 자극을 주었다(슈메만은 카르타셰프 밑에서 비잔틴 신정 정치에 관한 학위 논문을 썼다). 또한 키프리안 컨Kiprian Kern**은 전례 신학과 관련된 슈메만의 사상을 형성하는 데 커다란 영향을 미쳤다.

1946년 그는 사제 서품을 받고 그의 영적 아버지가 된 키프리안 신부와 함께 클라마르에 있는 교회에서 사목 활동을 했으며 1951년에는 게오르기 플로롭스키를 따라 미국에 가서 당시 새롭게 설립된 성 블라디미르 정교회 신학교의 교수진으로 합류한다(플로롭스키는 학장이 되었다). 그곳에서 그는 교회사를 가르쳤고 1955년 플로롭스키의 뒤를 이어 신학교 학장이 되었고 1983년 12월 13일 세상을 떠날 때까지 21년

---

* A.V.카르타셰프(1875~1960)는 러시아 교회사가이자 언론인, 정치가다. 러시아 키시팀에서 태어나 파마 신학교, 상트페테르부르크 신학교에서 신학을 공부하고 상트페테르부르크 대학교에서 종교사를 가르쳤으며 동시에 언론인으로도 활동했다. 러시아 혁명에 반대해 공산주의자들에게 체포되었으나 탈출을 감행해 1920년 파리로 이주했으며 몇몇 이민 지식인들과 함께 성 세르기오스 신학교를 설립했고 세상을 떠날 때까지 그곳에서 교회사를 가르쳤다.

** 키프리안 컨(1900~1960)은 러시아 정교회 신학자이자 수도사다. 러시아 상트페테르부르크에서 태어나 대학교에서 법학을 공부하고 한동안 변호사로 활동했으나 신학에 관심이 생겨 베오그라드 대학교에서 신학을 공부하고 1927년에는 수도사로 살기로 서원했다. 1937년 성 세르기오스 신학교의 교수진에 합류해 처음에는 전례학을 1940년부터는 교부학을 가르쳤다.

동안 학장직을 유지했다. 그의 지도로 성 블라디미르 신학교의 강의와 예배는 영어로 바뀌었으며 레오니드 우스펜스키*Leonid Ouspensky가 만든 빼어난 이콘**과 미국 토착 나무로 꾸며진 예배당이 신학교에 건립되었다. 슈메만은 누구보다 적극적으로 미국에서 활동했지만 평생 러시아인이라는 정체성을 유지했다. 그는 러시아 문학의 애호가였는데 알렉산드르 블로크Aleksandr Blok, 안나 아흐마토바Anna Akhmatova, 오십 만델스탐Osip Mandelstam의 시를 좋아했으며 매년 여름마다 『안나 카레니나』Anna Karenina를 읽었고 영어로 강의를 하기는 했으나 모든 책은 러시아어로 썼다. 수년간 그는 유럽자유방송을 통해 매주 러시아어로 설교를 했는데 덕분에 그의 이름

---

* 레오니드 우스펜스키(1902~1987)는 러시아 출신 성화작가이자 해설자다. 러시아의 골라야 스노바(오늘날 골로스노브카)에서 태어나 무신론과 공산주의 이념에 관심을 갖게 되어 러시아 혁명 당시에는 붉은 군대에 가담했으나 전투에 패한 뒤 1926년까지 불가리아에 있는 탄광에서 일했다. 1929년 파리로 이주해 회심한 뒤 이콘을 배웠으며 블라디미르 로스키와의 교류를 통해 이콘 신학을 익히게 되었다. 이후 이콘 제작과 복원, 해설에 몰두하면서 20세기를 대표하는 이콘 화가이자 해설자가 되었다. 한국에는 그의 대표 저작인 『정교회의 이콘신학』(정교회 출판사)이 소개된 바 있다.

** 성화聖畵. 원래 그리스어로는 형상과 모상을 뜻하며, 예수 그리스도나 마리아, 성인과 순교자 등과 성경, 교리의 내용을 소재로 그린 성화를 지칭한다. 목판에 그리거나 벽에 프레스코화로 그리고, 모자이크나 복음서 등의 세밀화로도 표현된다.

은 소련 치하에서 신음하던 그리스도교인들 사이에 널리 알려졌고 그중에는 1974년 러시아에서 추방당한 소설가 알렉산드르 솔제니친Aleksandr Solzhenitsyn도 있었다.

사제로서 그가 남긴 가장 위대한 업적은 1970년 모스크바 총대주교의 승인을 받아 미국 정교회OCA: Orthodox Church in America가 자치권을 갖게 한 점일 것이다. 물론 그가 남긴 업적을 더 자세히 살펴보기 위해서는 신학자로서 남긴 업적을 살펴보아야 한다.

III

앞서 언급했듯 슈메만은 신학교에서 교회사, 전례 신학, 사목 신학을 가르쳤다. 그가 쓴 첫 번째 저작은 1963년에 출간된 『동방 정교회의 역사적 여정』The Historical Road of Eastern Orthodoxy인데 이 교회사 저작은 학계의 별다른 관심을 받지 못했다. 정교회 신학자로서 그의 이름을 알린 저작들은 대부분 그가 '전례 신학'이라고 부른 영역에 속한 저작들(『전례 신학 입문』Introduction to Liturgical Theology, 『세계의 생명을 위하여』, 『대사순절』Great Lent: Tire Journey to Pascha, 『물과 성령으로』Of Water and the Spirit, 『성찬』The Eucharist)이 대부분이다.

앞서 언급한 슈메만의 전례 신학과 로마 가톨릭 신학자들의 '원천으로 돌아가기' 운동에서 자란 서구권 전례 운동의 연관성을 고려해 누군가는 슈메만을 (20세기 초 동방 신학자들이 진행한) '신-교부적 종합' 흐름에 속한 학자로 간주할 수도 있다. 그러나 1980년 10월 2일 일기에서 그는 말했다.

언젠가 존 메이엔도르프*는 왜 사람들이 교부들에 집착하는지 이해할 수 없다고 솔직하게 말했다. 많은 이가 교부들의 신학을 옹호하느라 현실 세계를 주도면밀하게 이해하려 하지 않는다. 그리고 그러면서도 자신들이 교회와 정통 가르침에 봉사하고 있다고 확신한다. 난 이들이 교부들의 사유, 그들이 남긴 저작의 내용에 끌리는 것이 아니라 그들의

---

* 존 메이엔도르프(1926-1992)는 프랑스 출신 정교회 신학자다. 파리로 이주한 러시아 이민자 가정에서 태어나 파리 성 세르기오스 신학교, 소르본 대학교에서 신학을 공부하고 파리고등연구원에서 박사 학위를 받았다. 이후 성 세르기오스 신학교에서 교회사를 가르치고, 프랑스 국립 과학 연구원의 전문연구위원으로 활동하다 미국으로 건너가 성 블라디미르 신학교 설립에 기여하고 이후 그곳에서 줄곧 교회사와 교부학을 가르쳤으며 알렉산더 슈메만의 뒤를 이어 1992년까지 성 블라디미르 신학교 학장을 역임했다. 그 외에도 하버드 대학교, 포덤 대학교, 유니온 신학교 등에서 겸임교수로 교부학과 비잔틴 교회사를 가르쳐 슈메만과 더불어 미국에 정교회 신학을 소개한 대표적인 신학자가 되었다. 주요 저작으로 『정교회』L' Eglise Orthodoxe, 『로마, 콘스탄티노플, 모스크바』Rome, Constantinople, Moscow 등이 있으며 한국에는 『비잔틴 신학』(정교회 출판사), 『헤지카즘의 신학자 성 그레고리오스 팔라마스』(정교회 출판사)가 소개된 바 있다.

껍데기에 끌리는 것은 아닌지 우려된다. 이는 전례들과 관련한 정교회의 가르침에 대한 사람들의 오해와도 연관이 있어 보인다. 사람들은 (전례를) '이해하지 말고 사랑하라'는 정교회의 가르침을 전례를 이해하지 못하고 아무런 판단도 끌어내지 못하는 자신의 모습을 정당화하는 근거로 삼곤 한다. 그렇게 우리는 옛 음악의 매력적인 선율에 매혹되기는 했으나 스스로 담을 치고 앉아 교회가 고통받고 있음을 회피한 채 오랜 시간 전장戰場에 참여하기를 거부하고 있는 것은 아닐까.[2]

또한 그가 러시아 정교회 신앙에 커다란 애정을 가진 것은 사실이며 이는 그가 쓴 (다양한 러시아 사상가들에 대한 유용한 통찰을 제공하는 서문이 담긴) 『궁극적인 질문들: 근대 러시아 종교 사상 선집』Ultimate Questions: An Anthology of Modern Russian Religious Thought만 봐도 분명하게 알 수 있다. 그러나 1980년 3월 31일 성 월요일 쓴 일기에 그는 대표적인 러시아 신학자인 세르게이 불가코프에 대해 적었다.

---

2 Alexander Schmemann, *The Journals of Father Alexander Schmemann, 1973-1983* (Crestwood, NY: St Vladimir's Seminary Press, 2000), 269.

결국, 그의 신학은 너무나 자의적이라 할 수 있다. 그의 신학은 너무나 개인적이기에, 달리 말하면 자신의 감정에 치우쳐 있기에 살아남지 못할 것이다. 다른 러시아 종교 사상가들, 즉 베르댜예프[Nikolai Berdyaev]*, 플로렌스키[Pavel Florensky]**

---

* 니콜라이 베르댜예프(1874~1948)은 러시아 출신의 사상가다. 오늘날 우크라이나의 수도인 키예프에서 태어나 키예프 대학교에서 법학을 공부하고 마르크스주의 운동에 참여했다가 유형 생활을 한 뒤 마르크스주의를 비판하고, 그리스도교를 기반으로 한 사상을 발전시켜 나갔다. 러시아 혁명 직후인 1920년에는 모스크바 대학교에 교수로 초빙되었으나 이내 추방되었고 이후 베를린과 파리에 종교철학 아카데미를 설립해 활발한 강연 활동과 저술 활동을 했다. 종종 그리스도교 실존주의 철학자로 불리기도 하나, 자유와 인격을 바탕으로 독특한 인격주의 사상을 제시했다는 평가를 받으며 공산주의와 파시즘과 같은 전체주의를 예고하고 비판한 이로도 널리 알려져 있다. 현실 러시아 정교회의 모습에 대단히 비판적이었으나 교회를 떠나지 않았으며 평생 러시아 정교회 신자로 남았다. 주요 저작으로 『현대 세계의 인간 운명』[The Fate of Man in the Modern World], 『자유와 정신』[Freedom and the Spirit], 『노예냐 자유냐』[Slavery and freedom] 등이 있으며 한국에는 『현대 세계의 인간 운명』(지식을 만드는 지식), 『노예냐 자유냐』(늘봄), 『도스토옙스키의 세계관』(한국외국어대학교출판부) 등이 소개된 바 있다.

** 파벨 플로렌스키(1882~1937)는 러시아 정교회 사제이자 신학자, 철학자, 수학자, 물리학자다. 오늘날 아제르바이잔에 있는 예블라흐에서 태어나 모스크바 대학교에서 수학을 공부하고 슬라브 그리스 라틴 아카데미에서 신학을 공부했다. 1911년에는 사제 서품을 받고 신학 간행물 편집장을 지내며 철학, 신학, 수학, 물리학에 관한 다양한 글을 발표했다. 러시아 혁명 직후에는 정부에 협조했으나 이내 사상이 문제시되었고 추방과 투옥을 반복하다 1937년 재판정에서 사형을 선고받고 총살당했다. 러시아의 레오나르도 다빈치라 불릴 만큼 신학, 수학, 철학, 미학 등 다방면에서 업적을 남겼다. 주요 저작으로 『진리

··· 도 마찬가지다. 불가코프는 철저하게 정교회 용어를 사용했다. 그의 신학에서는 모든 것이 절묘하게 맞물려 돌아간다. 그러나 동시에 그의 신학은 너무나 낭만주의적이고 주관적이다. 그가 이야기한 것은 결국 '불가코프의' 신학이었다. "보라! 나는 정교회에 내 '지혜'를 바칠 것이다. 나는 모든 사람에게 우리 정교회가 진실로 믿는 바를 보여줄 것이다" ··· 안타깝게도 불가코프의 신학에는 겸손이 없다. 그는 자신의 손이 닿는 모든 것을 자기식으로 바꾸었고 자기 방식대로 설명했다. 그는 결코 교회와 섞이지 않았다. 불가코프는 교회에서조차 '자기 자신'을 발견하고 감지했다.[3]

거친 말들이지만 슈메만의 두 논평은 그가 당시 신학이 빠질 수 있는 위험이 무엇이라고 생각했는지를 보여준다.

전례가 신학의 중심에 자리하고 있다는 확신은 슈메만 자신의 고유한 체험, 파리에 있던 러시아 이민자 공동체에서 나누었던 체험으로부터 자라났다. 하지만 그것이 전부는 아

의 기둥과 땅』The Pillar and Ground of the Truth, 『이코노스타시스』Iconostasis 등이 있다.

3 Alexander Schmemann, *The Journals of Father Alexander Schmemmann*, 261~262.

니다. 그의 일기를 보면 슈메만의 신앙을 성장케 한 또 다른 무언가를 발견할 수 있다.

파리에서의 학창 시절, 등교하던 길에 나는 몽소에 있던 성 샤를 교회에서 발길을 멈추곤 했다. 거대하고 어두운 교회 안에서 사람들이 영성체를 마치고 침묵하고 있었다. 그리고 그 속에서 무언가 울려 퍼지고 있었다. 그렇게 서방 그리스도교는 내 유년 시절의 일부가 되었다. 이후 나는 이중의 삶을 살았다. 한편으로 나는 매우 세속적이고 전형적인 러시아 이주민의 삶을 살았다. 다른 한편 나는 비밀스럽고, 종교적인 삶을 살았다. 둘은 분명한 대비를 이룬다. 시끄럽고, 프롤레타리아적인 저잣거리와 언제나 변치 않고 조용히 진행되는 예배, 어둠을 비추는 한 줄기 빛 … 이러한 대비는 내 종교 체험과 직관을 결정했다. 우리를 둘러싼 현실에는 두 가지 전혀 다른, 이질적인 세계들이 공존하고 있음을 절대적으로, 완전히 '다른' 무언가가 이 세계에 임했음을, 그리고 이 다른 무언가가 만물을 비추고 있음을 나는 감지했다. … 시간이 흐르며 나는 이러한 직관이 우리 안에, 그리고 우리와 함께 있는 하느님의 나라로서의 교회와 연관이 있음을 알게 되었다. 이제 내게 저잣거리의 세상은 더는 불필요한 곳, 적대적인 곳, 존재하지 않는 곳이 아니었다. 이러한 깨달음이 무르익자 나는 이른바 순수한 '심령주의'spiritualism를 멀리하게 되었다.[4]

슈메만은 이러한 자신의 체험을 바탕으로 신학자로서의 소명을 갖게 되었다.

이 체험, 그리고 생명, 생명의 물질적 차원, 몸을 입은 실재에 대한, 생명의 실재가 시간과 엮이면서 빚어지는 고유한 무언가에 대한 감각은 언제나 내 안에, 아마도 영원히 남아 있을 것이다. 나는 이러한 감각이 어린 날 조용히 진행되는 예배에서 목격했던 것, 하느님의 함께하심과 우리의 기쁨에 뿌리를 두고 있음을 안다. 어떤 사람은 그러한 것들이 도대체 서로 어떻게 연결되어 있는지 물을 것이다. 그러나 나는 이를 체계적으로 설명하거나 어떤 공식으로 이야기할 수 없다. 그것이 내가 신학과 관련해 말하고 써야 할 유일한 것이라 할지라도 말이다. 그것은 '관념'이 아니기 때문이다. '관념'은 혐오스럽다. 그리스도교는 이런저런 '관념'들로는 제대로 표현할 수 없다. 하느님의 함께하심과 우리의 기쁨이

---

4 Alexander Schmemann, *The Journals of Father Alexander Schmemmann*, 19.

어떻게 연결되는지를 알아차리게 해주는 것은 관념이 아니라 체험, 이 세상, 그리고 이 세상의 모든 생명체가 문자 그대로 하느님 나라의 빛 아래 있으며 이 나라는 만물에 빛으로 자신을 드러냄으로써, 그렇게 만물에 들어가 세상을 다시 빚어내고 있음을 체험함으로써만 알 수 있다. 색채, 소리, 움직임, 시간, 공간에서 우리는 이를 체험한다. 그렇기에 이는 추상적이지 않으며 구체적이다.[5]

앞서 언급했듯 이러한 슈메만의 생각은 성찬에 바탕을 둔 교회론을 주장한 니콜라이 아파나시에프에게 영감을 받은 것이다. 그러나 그는 이러한 생각을 좀 더 밀고 나아갔다. 곳곳에서 슈메만은 교회의 예배가 "다른 차원을 창조함"을 이야기하곤 했다.

이 차원을 드러내기 위해서 교회는 존재한다. 이 다른 차원이 없다면 교회의 모든 가르침, 구조, 질서는 아무런 의미도 없다.[6]

---

5   Alexander Schmemann, *The Journals of Father Alexander Schmemmann*, 20.

6   Alexander Schmemann, *The Journals of Father Alexander Schmemmann*, 9.

그러므로 신학, 전례 신학의 목적 역시 이 "다른 차원"을 드러내는 데 있다. 이 차원은 이 세상이 하느님 나라에 속해 있음을 알아차릴 때 드러난다. 이러한 슈메만의 생각은 그의 대표작인 『세계의 생명을 위하여』에서 분명하게 살펴볼 수 있다. 그가 보기에 하느님 나라가 이 땅에 임하고 현실화하고 있음을 명징하게 보여주는 것은 성찬이다. 이 천상의 축제는 창조의 목적(하느님과의 친교, 그의 생명을 나누는 것)을 드러낸다. 그리고 이는 우리의 삶이 가리키는 바이기도 하다. 그는 단언한다.

인간은 굶주린 존재다. 그러나 인간이 굶주려 있는 것은 바로 하느님이다. 우리 삶의 모든 굶주림은 결국 우리가 하느님께 굶주려 있음을 가리킨다. 우리의 모든 갈망은 궁극적으로는 그분을 향한 갈망이다. 물론 인간만 굶주림을 느끼는 유일한 존재는 아니다. 존재하는 모든 것은 무언가를 먹음으로써 산다. 창조세계 전체는 다 무언가 먹는 것에 의존한다. 그러나 세계에서 인간만이 가진 독특한 점은 오직 인간만이 하느님께 받은 음식과 생명에 대해 하느님을 찬미하는 존재라는 점이다. 오직 인간만이 하느님께서 베푸신 축

복에 대해 찬미로 응답한다.[7]

이어서 슈메만은 아담이 동물들에 이름을 지어 불렀다는 점에 주목한다. 그는 성서에서 이름은 단순히 어떤 것을 다른 것과 구별해주는 수단이 아님을 지적한다.

이름은 어떤 존재의 핵심, 다시 말해 하느님께서 주신 선물로서 그 존재의 본질을 드러낸다.[8]

각 동물에게 이름을 지어 불러줌으로써, 아담은 하느님을 찬미하고 그 동물을 축복한다. 그러므로 하느님을 찬미하는 것은 '종교적'religious인 행위, 혹은 '제의적'cultic 행위가 아니라 삶의 방식 그 자체다.[9]

하느님께서는 세상을 축복하셨고 인간을 축복하셨으며 일곱 번째 날(즉 시간)을 축복하셨다. 이는 그분께서 존재하는

7 Alexander Schmemann, *For the Life of the World* (Crestwood, NY: St Vladimir's Seminary Press, 2nd rev. and expanded edn, 1973), 14~15. 『세상에 생명을 주는 예배』(복 있는 사람)
8 Alexander Schmemann, *For the Life of the World*, 15.
9 Alexander Schmemann, *For the Life of the World*, 15.

모든 것을 당신의 사랑과 선으로 가득 채우셨음을, 그 모든 것을 당신 보기에 좋게 창조하셨음을 뜻한다. 따라서 하느님께 축복받고 성스럽게 된 세계를 받은 인간이 할 수 있는 유일한 자연적인('초자연적인'이 아니다) 반응은 그분을 찬미하는 것, 그분께 감사드리고 그분을 찬미함으로써 그분이 보시듯 세계를 '보고', 세계를 알고, 세계에 이름을 붙이며, 세계를 소유하는 것이다.[10]

그러므로 인류는 세상의 중심에 서서 하느님에게 세상을 받고 감사를 담아 다시 세상을 하느님께 바친다. 이것이 바로 성찬례다.

세상은 물질, 즉 만물을 포괄하는 하나의 성찬을 위한 재료로 창조되었다. 그리고 인간은 이 우주적 성사cosmic sacrament의 사제로 창조되었다.[11]

그러나 이 모든 것은 인간의 타락으로 망가졌다. 인간에게 먹을 것으로 주어지지 않은 과일을 하느님 몰래 먹은 사

10   Alexander Schmemann, *For the Life of the World*, 15.

11   Alexander Schmemann, *For the Life of the World*, 15.

건, 그리하여 받지 않고 감사드릴 수 없는 것을 먹은 사건은 이를 상징한다. 그렇게 함으로써 인류는 하느님께 받은 사랑을 다시 올리는 데 실패했으며 세계와 피조물을 하느님이 창조한, 그분 보기에 좋은 것이 아닌 그분과 동떨어져 있는 별개의 것으로 간주하게 되었다. 그렇게 인류는 세계를 축복할 수 있는 힘, 세계를 하느님의 선물로 받아들일 수 있는 힘을 상실했다. 이제 세계는 하느님의 사랑을 투명하게 반영하지 못하는 흐릿한 곳이 되었다. 달리 말해 세계는 하느님으로부터 분리되어 세계 이상의 무언가를 가리키지 못하게, 세속적인 곳이 되었다. 타락한 인간은 하느님과 다시 연결되려 하는데 이러한 시도, 그리고 그 시도의 산물이 바로 '종교'religion다. 그렇기에 종교는 성the sacred과 속the profane이라는 분열을 받아들이고 이들을 다시 조화롭게 만들려 하나 성공을 거두지 못한다. 그러한 분열을 극복하고 다시 연결하는 것은 인간의 능력을 넘어선 일이기 때문이다. 종교와 세속주의secularism는 세계의 타락을 받아들인다는 점에서 같다. 이러한 인간이 처한 곤경에 대한 유일한 해결책은 종교가 아니라 하느님이다. 인류는 하느님이 타락한 인류를 저버리지 않으셨으며 빛으로 인류의 어둠에 들어오셨음을 받아들여야 한다. 그리고 이 하느님의 활동은 또 다른 중요한 측면이 있다.

하느님의 이 행동은 단순히 잃어버린 인간을 되찾기 위한
구조활동이 아니다. 이는 그분이 태초부터 착수하신 일을
완성하기 위한 일이었다. 그분은 인간이 당신이 정말 어떤
분이시며, 자신에게 있는 갈망의 참된 대상이 무엇인지를
이해할 수 있게 해주시기 위해 이렇게 활동하셨다.[12]

하느님이 보내신 빛이란 다름 아닌 그분의 아들이었다. 세
계의 어둠 속에서도 언제나 꺼지지 않고 빛나던 바로 그 빛
이 마침내 그 온전한 모습을 드러낸 것이다.[13]

이러한 슈메만의 논의는 어느 정도 1960년대 신학 흐름
을 반영한다. 그중 하나는 앞서 언급했던 제2차 바티칸 공의
회로 이는 공의회에 참가한 신학자들의 예상을 훨씬 넘어서
는 변화를 끌어냈다. 또한 종교와 관련해 훨씬 이전부터 칼
바르트Karl Barth는 종교를 거부한 바 있고 디트리히 본회퍼
Dietrich Bonhoeffer가 감옥에 서 쓴 서신들이 영어로 출판되면서
'종교 없는 그리스도교'religionless Christianity라는 말이 대중에게
까지 널리 퍼져 있었는데 이러한 논의를 바탕으로 몇몇 신학

---

12 Alexander Schmemann, *For the Life of the World*, 19.

13 Alexander Schmemann, *For the Life of the World*, 19.

자들은 세속주의를 포용하고 (본회퍼의 말을 빌려) '성인이 된 그리스도교'Christianity come of age에 대해 이야기했다. 슈메만은 자신의 신학을 전개하면서 이러한 흐름들을 어느 정도 염두에 두고 있었다. 그는 제2차 바티칸 공의회로 대표되는 '전례 개혁'에 담긴 신학에 영향을 받았지만 그 실천의 방향까지 그대로 따르지는 않았다. 그리고 바르트나 본회퍼의 논의에는 공감했으되 이를 과격하게 밀어붙인 진보신학자들의 논의에는 반대했다. 슈메만은 동시대 '종교의 죽음'(혹은 '신의 죽음')을 이야기해 세속성을 지나치게 긍정하는 진보주의 신학자들과 종교에, 그리하여 전례의 형식성에 매달린 보수주의 신학자들을 넘어서고자 했다. 그에게 종교에 집중하는 것은 세계 전체를 포기하고 세계 안에 어떤 신성한 보호구역을 만들려는 시도처럼 보였다. 그리고 세속을 강조하는 것은 종교에 집중하는 것과 사실상 같은 생각이다. 세속주의자들은 종교인들이 이 세계 안에서 신성한 보호구역을 만들려는 것처럼 이 세계 '안에서' 개선을 도모한다. 둘 다 어떠한 면에서 성공적으로 이루어졌고 타락한 세계에서 살아가는 인간에게 어느 정도 도움을 줄 수 있으나 온전함을 회복하게 해주지는 못한다고 슈메만은 판단했다. 그리고 이를 의식하며 전례는 '종교', 즉 멀리 떨어져 있는 신과 접촉하려는 시도가 아니라고 그는 강조했다. 오히려 전례는 그리스도를 통해 이 땅에 임한 하느님 나라를 찬미하는 활동이다. 마찬가지로 '성사적 신학'sacramental theology는 근본적으로 성사적 의례들의 세부 사항이나 본문들에 관한 연구가 아니라 세계가 그 자체로 성사라는 확신, 세계가 하느님의 현존을 드러내는 곳이라는 확신, 그리스도야말로 가장 근본적인 성사라는 확신을 회복하는 활동이라고 그는 생각했다. 이 같은 맥락에서 교회의 칠성사는 각기 다른 측면에서 그리스도를 통해 이 세상에 드러난 하느님의 생명, 하느님 나라가 품고 있는 생명을 드러낸다고 그는 이야기했다. 물론 성사에 대한 이러한 접근을 당시 슈메만 홀로 한 것은 아니다. 도미니코회 신학자인 에드바르트 스힐레베엑스Edward Schillebeeckx*가 쓴 (영문판 기준으

---

* 에드바르트 스힐레베엑스(1914~2009)는 벨기에 출신 로마 가톨릭 사제이자 도미니코회 수도사, 신학자다. 벨기에 플랑드르 지역 엉벨스에서 태어나 1934년 도미니코회에 입회하고 루뱅 대학교에서 철학과 신학을 공부하고 박사 학위를 받았다. 이후 루뱅 대학교를 거쳐 네덜란드 니메그 대학교에서 1983년까지 교의학과 신학사를 가르쳤다. 1965년에는 칼 라너, 이브 콩가르, 한스 큉과 함께 「콘칠리움」이라는 신학잡지를 만들고 다양한 저술 활동을 펼치며 대표적인 진보 가톨릭 신학의 대변인으로 떠올랐다. 그의 신학은 크게 전반기와 후반기로 나뉘는데 전반기에는 전통적인 토미즘 안에서 신학 연구를 진행했으나 후반기에는 리쾨르와 가다머의 영향을 받아 인간의 경험을 출발점으로 삼아 이 경험을 밝히기 위한 도구로 교의학의 개념을 살피는 방식으로 신학 연구 방법을 바꾸었다. 전반기를 대표하는 저작으로는 『그리

로)『그리스도, 하느님과의 만남의 성사』Christ the Sacrament of the Encounter with God에서도 우리는 이와 비슷한 생각을 엿볼 수 있다.[14]

어떤 측면에서 슈메만이 이야기한 전례 신학의 핵심은 일종의 종말론eschatology이라고 할 수 있다. 물론 여기서 종말론은 통념적으로 생각하는 죽음 너머에 있는 무언가에 관심하는 이론이 아니다. 여기서 종말론은 궁극적인 것the ultimate, 삶의 최종 목적, 하느님과의 친교가 이 세계, 이 삶에 드러남에 주목하는 것을 뜻한다. 때때로 '실현된 종말론'realized eschatology이라고 불리기도 하는 이러한 관점은 C. H. 다드C. H. Dodd와 요아킴 예레미아스Joachim Jeremias에 의해 제기된 이후, 성서학을 넘어 조직신학에까지 영향을 미쳤는데 슈메만의 생각에도 일정 부분 영향을 준 것으로 보인다. 이와 관련해 그가 남긴 일기에는 흥미로운 내용이 있다.

스도, 하느님과의 만남의 성사』가 꼽히며 후반기 대표작으로는 이른바 '그리스도론 3부작'(『예수』Jesus: an experiment in Christology, 『그리스도』Christ: the Christian experience in the modern world, 『교회』Church: The human story of God)이 있다.

14 Edward Schillebeeckx, *Christ the Sacrament of the Encounter with God* (London: Sheed & Ward, 1963)

종말론은 그리스도교의 핵이다. 역사의 종점, 역사의 목적인 하느님 나라는 이미 우리 가운데, 우리 안에 있다. 그리스도교는 독특한 역사적 사건임과 동시에 역사 그 자체를 완성하는 사건, 모든 사건을 완성하는 사건이 이 세상에 임한 것이다. 오직 이를 위해서만 교회는 존재하며 이 바탕 위에서만 교회는 존재 의미를 가질 수 있다.

이 모든 것이 그리스도교의 가르침에 속한 진리임에는 분명해 보인다. 그러나 왜 오늘날 교회에서는 이러한 가르침이 효과를 내지 못하는 것처럼 보이는 것일까? 그것은 아마도 현실 그리스도교가 그리스도가 아니라 이 세상의 관점을 따르기 때문일 것이다. 이 세상의 관점에서 일종의 느낌(경건)이거나 일종의 이해(신학)이거나 둘 중 하나일 뿐이다.

내 생각에는 여기에 전례 신학의 존재 의미가 있다. 전례란 참여이며 드러내는 것이자 그리스도교의 역사성을 현실화(기억)하는 것이며 동시에 그러한 역사성을 넘어서는 것이다. 시작과 함께하는 결말에 참여하는 것, 그러면서도 '지금, 여기'에 참여하는 것 …

그러므로 교회와 세계를 연결하는 것은 처음에는 세계를 위한 교회를, 끝에는 교회를 위한 세계를 증언하는 것이다. 교회는 이 세계에 임한 하느님 나라이기 때문이다.

여기에 그리스도교의 영원한 역설, 그리고 그리스도교에 관한 모든 현대적 논의의 핵심이 있다. 그리고 신학의 과제는 바로 저 역설(우리는 언제나 세계를 떠나야 하며 언제나 세계에 남아 있어야 한다는 역설)을 신실하게 붙드는 데 있다(이 역설은 부활 축제로서 교회를 체험할 때 비로소 해결된다). 이러한 맥락에서 경건한 사람이 빠질 수 있는 가장 커다란 유혹은 그리스도교를 순전한 경건으로 환원하는 것이다. 그리고 신학을 하는 이가 빠질 수 있는 유혹은 그리스도교를 순전한 이론, 혹은 순전히 역사적인 것으로 환원하는 것이다.[15]

IV

슈메만이 제시한 전례에 관한 논의는 매력적이면서도 강력한 힘을 지니고 있다. 경건주의나 세속주의의 위험성에 대한 그의 지적은 날카롭다. 그리고 인간을 더 행복하게 하고 더 만족하게 해주는 일종의 영적, 심리적 치료제로 자신을 제시함으로써 사실상 세속주의에 굴복하는 교회의 모습에 대한 그의 통렬한 비판은 1960년대와 마찬가지로 오늘날에도 설득력을 갖고 있다.

---

15 Alexander Schmemann, *The Journals of Father Alexander Schmemmann*, 234.

많은 측면에서 슈메만의 전례 신학은 모국어의 도입, 의례의 단순화와 음악의 사용, 전례적 활동의 구조를 따르는 찬미의 방식, 평신도 참여의 확대 등, 지난 반세기 동안 그리스도교 전례에 다양한 변화를 끌어냈다. 제2차 바티칸 공의회의 전례 개혁에 뒤이어 슈메만의 논의는 로마 가톨릭 교회와 성공회, 더 나아가 개신교 교회의 예배 이해에도 영향을 미쳤다.

또 하나 간과해서는 안 되는 점은 소련 시대에 유럽자유방송을 통해 그가 전한 설교들과 그리스도교에 관한 가르침이다. 앤서니 블룸Anthony Bloom*과 더불어 그는 끊임없이 소

---

* 앤서니 블룸(1914~2003)은 스위스 출신 정교회 사제이자 수도사, 신학자다. 스위스 로잔에서 태어나 러시아와 이란에서 유년 시절을 보냈으며 1923년 파리로 이주해 파리 대학교에서 물리학, 화학, 생물학을 공부하고 같은 대학교에서 의학 박사 학위를 받았다. 제2차 세계대전 중에는 프랑스 군의관으로 봉사했으며, 프랑스가 독일에 항복한 이후에는 저항 운동에 가담했다. 1948년 사제 서품을 받은 뒤 러시아 정교회와 성공회 교회가 교회일치운동 차원에서 함께 만든 기관인 성 올반과 성 세르기오스 협회에서 채플린으로 활동하고 1957년에는 주교가, 1966년에는 총대주교가 되었다. 기도 및 그리스도인의 신앙생활에 관련된 저작으로 영미권에서 커다란 명성을 얻었으며 이에 관한 공헌을 인정받아 케임브리지 대학교, 애버딘 대학교, 모스크바 신학교, 키예프 신학교 등에서 명예박사학위를 받았다. 주요 저작으로 『살아있는 기도』Living Prayer, 『하느님과 인간』God and man 등이 있으며 한국에는 『살아있는 기도』(가톨릭 출판사), 『기도의 체험』(가톨릭 출판사)가 소개된 바 있다.

런 치하에 있는 러시아인들에게 그리스도교 신앙(러시아 정교회 신앙)을 설득력 있게 전했는데, 훗날 수많은 사람이 이러한 규칙적인 설교와 가르침이 자신들에게 얼마나 큰 의미를 가졌는지를 증언했다.

플로롭스키, 메이엔도르프와 함께 그는 당대 미국에서 정교회 신앙을 대변하는 중요한 학자로 커다란 영향력을 행사했으며 이는 그가 반생을 바친 성 블라디미르 신학교의 활동을 통해 오늘날까지 이어지고 있다.

| 알렉산더 슈메만 저서 목록 |

- **Celebration of Faith, vol. I: I Believe; vol. II: The Church Year; vol. III: The Virgin Mary** (Crestwood, NY: St Vladimir's Seminary Press, 1990-1995)

- **Church, World, Mission: Reflections on Orthodoxy in the West** (Crestwood, NY: St Vladimir's Seminary Press, 1979)

- **The Eucharist: Sacrament of the Kingdom** (Crestwood, NY: St Vladimir's Seminary Press, 1988) 『하나님 나라의 성찬』(새세대)

- **For the Life of the World: Sacraments and Orthodoxy** (Crestwood, NY: St Vladimir's Seminary Press, 1963; 2nd rev. and expanded edn, 1973), UK edn: **The World as Sacrament** (London: Darton, Longman & Todd, 1966) 『세상에 생명을 주는 예배』(복 있는 사람)

- **Great Lent: The Journey to Pascha** (Crestwood, NY: St Vladimir's Seminary Press, 1969) 『대 사순절』(정교회 출판사)

- **The Historical Road of Eastern Orthodoxy** (London: Harvill Press, 1963)

- **Introduction to Liturgical Theology** (London: Faith Press, 1966)

- **The Journals of Father Alexander Schmemann, 1973-1983** (Crest wood, NY: St Vladimir's Seminary Press, 2000), complete original, mostly in Russian: **Dnevniki 1973-1983** (Moscow: Russkii Put', 2007)

- **Liturgy and life: Lectures and essays on Christian development through liturgical experience** (Orthodox Church in America, 1993)

- **Liturgy and Tradition,** ed. Thomas Fitch (Crestwood, NY: St Vladimir's Seminary Press, 1990)

- **The Liturgy of Death** (Crestwood, NY: St Vladimir's Seminary Press, 2017)

- **O Death, Where Is Thy Sting?** (Crestwood, NY: St Vladimir's Seminary Press, 2003)

- **Of Water and the Spirit** (Crestwood, NY: St Vladimir's Seminary Press, 1974).

- **Our Father** (Crestwood, NY: St Vladimir's Seminary Press, 2002)

- **Ultimate Questions: An Anthology of Modern Russian Religious Thought** (Crestwood, NY: St Vladimir's Seminary Press, 1977, originally published in 1965).

아버지의 이름이 거룩하게 드러나는 것은
아들의 겸손한 오심으로 시작되었고,
아버지 나라의 오심은 세상이 끝난 뒤가 아니라
세상 종말 때에 드러날 것입니다.
아버지의 뜻이 하늘에서와 같이 땅에서도 이루어지는 것은
우리가 완전한 복됨을 얻을 때,
곧 세상이 끝날 때에 완전하게 이루어질 것이기 때문입니다.
...
이 세 가지는 완전하게 실현되어,
우리에게 약속된 삶 안에서 계속될 것입니다.

아우구스티누스, 『주님의 산상 설교』 De sermone Domini in monte 中

우리 아버지

– 알렉산더 슈메만의 주의 기도 해설

초판 1쇄 │ 2020년 4월 30일
    2쇄 │ 2023년 3월 31일

지은이 │ 알렉산더 슈메만
옮긴이 │ 정다운

발행처 │ 비아
발행인 │ 이길호
편집인 │ 이현은
편 집 │ 민경찬 · 양지우
검 토 │ 박혜은 · 손승우 · 이여운 · 차주호
제 작 │ 김진식 · 김진현 · 이난영
재 무 │ 황인수 · 이남구 · 김규리
마케팅 │ 김미성
디자인 │ 민경찬 · 손승우

출판등록 │ 2020년 7월 14일 제2020-000187호
주 소 │ 서울시 강남구 봉은사로 442 75th Avenue 빌딩 7층
주문전화 │ 02-590-9842
이메일 │ viapublisher@gmail.com

ISBN │ 978-89-286-4675-3 (03230)
한국어판 저작권 ⓒ 2020 타임교육C&P